HENRY MORTON STANLEY

In-8°. — 2ᵐᵉ Série.

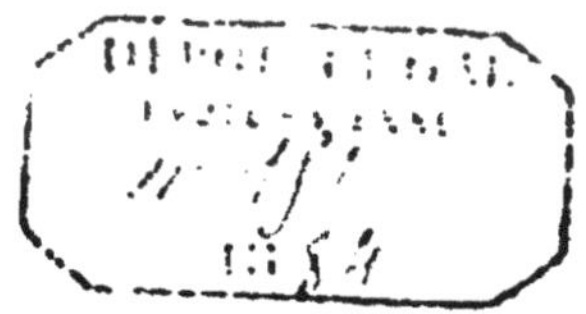

PROPRIÉTÉ DES ÉDITEURS

HENRY MORTON STANLEY

Les Voyageurs Modernes

HENRY MORTON STANLEY

— L'AFRIQUE CENTRALE —

PAR

A. SINVAL

Chef d'Institution à Paris,

Agrégé des Universités d'Autriche et de Russie.

LIMOGES

Marc BARBOU et Cⁱᵉ, IMPRIMEURS-LIBRAIRES

Rue Puy-Vieille-Monnaie

1884

PRÉFACE

La science suit des étapes régulières et progressives dans le temps. Aussi sa caractéristique est-elle en harmonie avec les périodes qu'elle traverse dans le cours des évolutions de l'humanité. Le XVIIIe siècle est celui de la science concentrée ; le XIXe, celui de la science expansive. Aux théories succèdent les applications pratiques ; aux savants, les mécaniciens ; aux inventeurs, les metteurs en œuvre ; aux géographes, les explorateurs. Lavoisier crée la chimie ; M. Pasteur découvre les microbes : Robisson devine la locomotive ; Georges Stephenson l'assouplit à tous les mou-

vements : Malte-Brun convie les hommes de cœur aux lointains voyages ; Livingstone, Stanley, de Brazza, Crevaux, Nordenskiold les réalisent : les Continents et les Océans n'ont plus de secrets pour les habitants de notre planète. Ainsi va le monde, prenant de plus en plus possession de lui-même dans l'espace et dans la durée. Borné spécialement à l'ordre des faits géographiques, le livre qu'Armand Sinval nous fait l'honneur amical de nous dédier, répond à l'impérieux besoin qu'impose à la génération présente la connaissance nécessaire de l'une des parties les plus émouvantes de la science expansive : nous voulons dire la conquête des régions et des populations inexplorées qu'accomplissent, en ce moment même, l'intelligence et l'audace des voyageurs, appelé si justement par l'auteur « les Pionniers de l'Inconnu. »

Le but qu'il s'est proposé est essentiellement pédagogique. Il a souvent remarqué, dans les nombreuses leçons données à de jeunes auditoires, que les enfants devenaient fort attentifs, lorsque, laissant de côté, pour un instant, la leçon proprement dite, il leur racontait quelques épisodes de ses voyages en Russie ou en Sibérie. Ces figures éveillées,

demeuraient assez calmes, quand Sinval énu-
mérait de son mieux les noms de pays qu'il
décrivait et qu'il en écorchait le moins possible
la prononciation étrangère. Mais quel feu
dans les regards, quelle curiosité dans les phy-
sionomies, quelle tension dans les oreilles,
lorsqu'il leur racontait, en touriste convaincu,
les anecdotes locales, dessinant les costumes
des différents pays, en esquissant les mœurs,
retraçant une aventure terrible, un incident
comique, ou bien encore initiant ses élèves aux
cérémonies singulières, aux superstitions
bizarres, qui lui avaient passé sous les yeux.

On sent, à la lecture du présent ouvrage,
que telle est effectivement la préoccupation de
l'écrivain : il communique à la page qu'il
compose la vie, dont il animait sa parole : la
flamme y brille, la sincérité y a mis l'empreinte
de son cachet : Comme on dit de nos jours, c'est
vécu !

Se faisant, en quelque sorte, le compagnon
des hommes, qu'il suit dans leurs pérégrinations
hardies, Sinval vit de leur existence, il a de
leur âme. Soit au Nord, soit au Midi, il se
fait avec eux de tous les climats, parce qu'il
reçoit le contre-coup, ou mieux l'étincelle, de
tous ces héroïsmes ; et de cette flamme, il sem-

ble jaillir une contagion de sympathie qui gagne le lecteur.

Le plan de Sinval est simple, net, précis : rappeler rapidement les travaux exécutés avant Nordenskiold pour découvrir le passage Nord-Est, l'exploration des Guyanes avant Crevaux, les tentatives de conquête européenne dans l'Afrique équatoriale avant Livingstone, Stanley, de Brazza ; raconter brièvement aux jeunes élèves les premières années de ces héros, qui se sont senti, sur les bancs même de l'école, le génie des découvertes ; suivre pas à pas leurs pérégrinations à travers l'inconnu en mettant continuellement sous les regards des enfants l'admirable persévérance de ces chercheurs, que rien ne rebute, et qui n'ont qu'un regret en mourant, celui de n'avoir pas achevé leur mission ; montrer combien cette persévérance, vertu déjà difficile pour quiconque vit au milieu des siens, est l'acte le plus rude imposé à la volonté humaine, quand on se sait loin de la patrie, loin de tout ce qu'on aime, sans autre témoin d'une lutte incessante, que les déserts, sous la fournaise d'un soleil meurtrier, ou bien les neiges, les glaces, les banquises, peuplées d'êtres inconnus, menaçants, affamés : des deux parts les abîmes de l'infini, avec Dieu seul pour espoir et pour refuge. Quelle matière à réflexions, à projets, à résolutions généreuses!

Ajoutons à cela l'occasion toujours saisie de recueillir les traits de mœurs, les coutumes singulières, les chants de guerre ou d'amour rencontrés en chemin, c'est-à-dire le tableau vivant, changeant, mobile des sentiments et des passions de l'humanité.

Telle est l'impression qui saisit à la lecture de l'ouvrage de Sinval. Cela fait qu'il n'est pas seulement composé pour la jeunesse, mais dans l'intérêt de tous. En effet, il n'est rien, selon nous, de plus utile et de plus moral que la propagande des actes courageux, profitables à la science et à la volonté, capables d'ouvrir aux hommes les saines perspectives du savoir et de l'héroïsme, et voilà pourquoi nous remercions Sinval de nous avoir associé, ne fût-ce que par le nom, à l'entreprise qu'il vient d'achever.

Eugène TALBOT.

HENRY MORTON STANLEY

PREMIÈRE PARTIE

A LA RECHERCHE DE LIVINGSTONE

I

DÉTAILS BIOGRAPHIQUES

L'explorateur africain Henry Morton Stanley est né en 1843. Quoique les derniers évènements dont le centre de l'Afrique a été récemment le théâtre et l'apparition de M. Savorgnan de Brazza au Congo, aient donné lieu à quelques polémiques acerbes, issues des rivalités forcément existantes entre des nationalités différentes, nous tâcherons dans cette courte notice de ne pas nous écarter de la neutralité que nous avons cru devoir nous imposer dans tout le cours de cet ouvrage, et de parler de ces deux hommes célèbres avec la plus stricte impartialité. Ce livre est pour les jeunes gens : or, pour nous, celui qui se dévoue pour l'humanité et fait faire un pas de plus à la science et à la civilisation est notre compatriote, à quelque pays qu'il appartienne, et mérite d'être proposé comme exemple aux nouvelles générations : nous parlerons donc de M. Stanley avec toute l'admiration dont il est digne.

Après la guerre d'Amérique, M. Stanley devint correspondant de journaux. En 1867, il fut choisi par le New-York Hérald pour suivre comme reporter l'armée anglaise en Abyssinie, puis il effectua différents voyages en Espagne et autres pays. Voilà tout ce que nous pouvons savoir de M. Stanley, même d'après une notice anglaise qu'il a bien voulu nous adresser lui-même. Nous aurions bien voulu recueillir quelques anecdotes, mais sa modestie a été inexorable, et nous avons dû nous contenter de ces quelques lignes. Qu'il en soit ainsi ! Nous prendrons notre revanche en faisant le récit de ses hardis et périlleux voyages.

La destinée de M. Stanley est une des plus curieuses qui se puissent voir, et, à son sujet, je me rappelle avec émotion un *reporter* tout aussi remarquable, que j'eus le plaisir de rencontrer bien souvent à Kischinieff (Bessarabie), au moment de la guerre Turco-Russe. Il se nommait Mac-Gahn. Il était correspondant du New-York Hérald aussi, je crois. Il avait été au pôle nord ; il avait suivi la guerre de Khiva avec le général Skobelef, (et ce, malgré le gouvernement russe), et s'en vint mourir misérablement du tiphus en Moldavie ! Je le vois encore à Kischinioff, au restaurant où il avait l'habitude de prendre ses repas, le pied entortillé de linges, souffrant d'une entorse qu'il s'était donnée en arrivant. Le général Skobelef apparaissait souvent sur son cheval blanc, suivi d'un indien à perruque rouge ; il s'approchait de la fenêtre du rez-de-chaussée.

— Comment vas-tu, Mac-Gahn.

— Et toi, général.

— Un verre d'eau-de-vie, n'est-ce pas ?

Et le général descendait de son cheval, et venait s'asseoir à la table, buvant aux succès futurs des armées russes dans cette guerre dont il devait être le surprenant héros, devenu légendaire parmi les Turcs. Pauvre Mac-Gahn ! échouer ainsi après tant de voyages au fond d'une bourgade Moldave ! Cela dut lui être une grande douleur et un grand désappointement. J'écrirai un jour son histoire.

Et aussi pauvre Skobelef ! Il est mort aussi celui-là, subitement, après quelques malencontreux discours anti-germaniques.

Mais revenons à M. Stanley.

« Le 16 octobre de l'an du Seigneur 1869, dit M. Stanley, j'étais à Madrid, rue de la Croix ; j'arrivais du carnage de Valence. A dix heures du matin, Jacopo m'apporte une dépêche ; j'y trouve les mots suivants : « Rendez-vous à Paris ; affaire importante. » Le télégramme est de James Gordon Bennett fils, directeur du New-York Hérald.

« A trois heures j'étais en route. Obligé de m'arrêter à Bayonne, je n'arrivai à Paris que dans la nuit suivante. J'allai directement au Grand-Hôtel, et frappai à la porte de Bennett.

« — Entrez ! dit une voix. »

» Je trouvai M. Bennett au lit.

» — Qui êtes-vous ? demanda-t-il.

» — Stanley.

» — Ah ! oui... Prenez un siège ; j'ai pour vous une mission importante.

» Il se jeta sa robe de chambre sur les épaules, et me dit vivement :

» — Où pensez-vous que soit Livingstone ?

» — Je n'en sais vraiment rien, Monsieur.

» — Croyez-vous qu'il soit mort ?

» — Possible que oui, possible que non.

» — Moi, je pense qu'il est vivant, qu'on peut le trouver, et je vous envoie à sa recherche.

» — Avez-vous réfléchi, Monsieur, à la dépense qu'occasionnera ce voyage ?

» — Vous prendrez d'abord vingt-cinq mille francs ; quand ils seront épuisés, vous ferez une traite d'autant, puis une troisième, et ainsi de suite; mais, retrouvez Livingstone.

» — Dois-je aller directement à la recherche de Livingstone ?

» — Non; vous assisterez à l'inauguration du canal de Suez. De là, vous remonterez le Nil. J'ai entendu dire que Baker allait partir pour la Haute-Egypte; informez-vous le plus possible de son expédition. En remontant le fleuve, vous décrirez tout ce qu'il y a d'intéressant pour les touristes, et vous nous ferez un guide, un guide pratique; vous direz tout ce qui mérite d'être vu et de quelle manière on peut le voir. Vous ferez bien, après cela, d'aller à Jérusalem; le capitaine Warren fait, dit-on, là-bas, des découvertes importantes; puis à Constantinople, où vous vous renseignerez sur les dissentiments qui existent entre le kédive et le sultan. Après..... Voyons un peu..... Vous passerez par la Crimée et vous visiterez ses champs de bataille; puis vous suivrez le Caucase jusqu'à la mer Caspienne : on dit qu'il y a là une expédition russe en partance pour Khiva. Ensuite vous gagnerez l'Inde, en traversant la Perse; vous pourrez écrire de Persépolis une lettre intéressante. Bagdad sera sur votre passage; adressez-nous quelque chose sur le chemin de fer de la vallée de l'Euphrate; et quand vous serez dans l'Inde, embarquez-vous pour rejoindre Livingstone. A cette époque, vous apprendrez sans doute qu'il est en route pour Zanzibar; sinon, allez dans l'intérieur, etcherchez-le jusqu'à ce que vous l'ayez trouvé. Informez-vous de ses découvertes. Enfin, s'il est mort, rapportez-en des preuves certaines. Maintenant, bonsoir, et que Dieu soit avec vous.

» — Bonsoir, Monsieur. Tout ce que l'humaine nature a le pouvoir de faire, je le ferai, ajoutai-je; et, dans la mission que je vais accomplir, veuille Dieu être avec moi. »

Que dites-vous de ce stupéfiant programme? Et que dites-vous aussi de la sérénité avec laquelle M. Stanley accepte ce fantastique itinéraire sans sourciller? En vérité, ces Américains sont bâtis autrement que les autres; ils font tout grand, et, comme les arbres de leur pays, l'énergie semble être un produit du climat.

Le 6 janvier 1871, M. Stanley était à Zanzibar. Il commença par tâcher de s'aboucher avec le docteur Kirk, qui avait voyagé avec Livingstone, afin d'avoir quelques renseignements sur la personnalité du célèbre explorateur. Ceux qu'il reçut n'étaient pas encourageants. On lui dépeignait Livingstone comme un homme difficile à vivre, ne désirant pas avoir de compagnon, et tenant son journal de la façon la plus irrégulière. Restait la question matérielle des choses essentielles à un pareil voyage, et l'énumération en est assez plaisante :

Pour deux ans : — 16,000ᵐ de calicot blanc de 1ᵐ de largeur ;

8,000ᵐ de cotonnade bleue ;

5,200 d'étoffes de couleur ;

Fil de cuivre, perles blanches, jaunes et vertes, comme monnaie courante ;

Provision de bouches, ustensiles de cuisine, sacs, tentes, cordes, ânes, toile, goudron, aiguilles, outils, armes, munitions, médicaments, couvertures, etc.

D'anciens serviteurs de Grant, de Burton et de

Speke formèrent son escorte; parmi eux se détache une figure originale, celle de Mabrouki, qui avait accompagné Burton; celui-ci ne le flatta pas, mais M. Stanley ne s'arrêta pas à la mauvaise humeur de son précurseur et le prit tout de même. Voici le portrait qu'en fait Burton :

« Mabrouki est l'esclave d'un chef arabe qui me l'a prêté pour cinq dollars par mois, et dont j'ai fait mon serviteur particulier. C'est le type du nègre à encolure de taureau : front bas, petits yeux, nez épaté, large et puissante mâchoire, pourvue de cette force musculaire qui caractérise les plus voraces parmi les carnivores.

» Mabrouki est à la fois le plus laid et le plus coquet de la bande; il raffole de parure. D'un caractère détestable, il tombe d'un excès de colère ou d'orgueil dans un état d'abattement et de servilisme. Paresseux et maladroit, il gâte, brise ou dérange tout ce qu'il touche; il a fallu lui interdire de s'occuper d'autre chose que de mener les ânes, ou bien de dresser les tentes. C'est Bombay, son compatriote, qui m'a procuré ce trésor; il était, lui, le servant d'armes du capitaine. Tous deux, au reste, avaient parfaitement débuté; j'étais dans l'admiration en les voyant braver le soleil à midi, et ronfler tranquillement par les nuits les plus froides, sans autre précaution contre la brise qu'un feu mourant sous la cendre. Emu de pitié, en un moment fatal, je jetai sur leurs épaules deux couvertures anglaises qui les démoralisèrent instantanément. Ils apprirent à rester au lit le matin, et comme on les obligea d'en sortir, leur dos arrondi, leur corps replié sur lui-même, ne se montrèrent plus que soigneusement enveloppés dans la crainte de l'air humide; enfin, à chaque halte, ils se firent une case hors de la portée de la voix, pour que personne ne les appelât à l'ouvrage. »

Le 5 février, on mit à la voile.

Après une courte halte à Bagamoyo, Stanley, sur le conseil d'un brave coquin du pays, le dit conseil taxé à 3,837 fr. 60 c., se décide à envoyer ses hommes en avant par petites caravanes, les grandes excitant, disait-on, la cupidité des chefs.

En tout, cela formait cinq groupes, au total 192

hommes. Ces petites caravanes se trouvèrent à peu près toutes à leur poste, ainsi qu'il avait été convenu, excepté la quatrième qui avait beaucoup de malades. Après avoir passé le Kingani, on atteignit Simbamouenni, où on essaya de faire payer une seconde fois à M. Stanley un tribut déjà soldé.

Tout ce commencement du voyage de M. Stanley offre des parties comiques, en même temps que l'inexactitude de tous les gens qu'il a sous ses ordres explique surabondamment l'impatience fébrile du voyageur.

Les uns ne se trouvent pas au rendez-vous assigné; les autres, envoyés à leur recherche, restent trois ou quatre jours absents; ceux qu'on dépêche à leur tour vers eux les trouvent attablés chez un chef généreux. La reine de Simbamouenni profite aussi de toutes les occasions pour satisfaire son avidité; elle enchaîne les hommes après les avoir dépouillés. Heureusement, elle les rend bientôt à la liberté, effrayée par le discours singulièrement exagéré, mais bien typique, d'un bon Arabe qui a connu Stanley.

« — L'homme blanc, s'écrie-t-il, le *mousoungou*, a deux fusils qui peuvent tirer quarante coups sans s'arrêter, et qui envoient leur plomb à une demi-heure de marche. Je ne parle pas d'autres fusils, dont la charge est effrayante. Il a des balles qui éclatent et qui mettent un homme en pièces. Du haut de la montagne, il exterminerait tous les gens de la ville, hommes, femmes, enfants et guerriers, avant que pas un de vous pût arriver au sommet. Il viendra; ce sera la guerre; la route sera fermée. Le sultan de Zanzibar marchera contre vous; les hommes de l'Oudoé et ceux du Cami prendront leur revanche; et de la cité de votre père ils ne laisseront pas pierre sur pierre. Délivrez les soldats du *mousoungou*; faites-leur donner le grain qu'ils demandent, et laissez-les partir avec tout ce qu'ils réclament; car peut-être l'homme blanc est-il déjà en route pour vous attaquer. »

Entre temps, Stanley dut se défaire d'une malencontreuse charrette qu'il avait fait fabriquer avant son départ et sur laquelle il fondait les plus grandes espérances. Malheureusement, les pays ont leurs véhicules propres, et il est toujours imprudent de juger des besoins d'un pays inconnu par ceux des régions qu'on a traversées. Sa charrette dut être abandonnée et jetée dans un bourbier.

Partout où l'on passait, l'étonnement était à son comble à la vue d'un homme blanc. Le voyageur en marque son dépit, relégué qu'il se trouve au rang d'animal curieux. Néanmoins, il ne peut s'empêcher de remarquer que ces braves gens, tout sauvages qu'ils sont, n'abusent pas de leur force et se contentent de satisfaire leur curiosité.

Le hardi explorateur américain n'est pas homme d'ailleurs à perdre son temps; il vient facilement à bout de la volonté de ses hommes; il se débarrasse sans hésiter de ceux qui ne pourraient qu'entraver sa marche; il n'a qu'un but : arriver! Aussi parcourt-il avec une grande activité le Mounga-Nkali, où plusieurs caravanes se joignent à la sienne, le Gogo septentrional, le Moucoundoucou, les ruines du Mgongo-Tembo et de Roubouga, et enfin il atteint le district du Mouézi. Ici nous laissons encore la parole à M. Stanley :

« — Mkésihoua, chef des Mouésiens du Mnag-
nembé, résidait à Couicourou, qu'habitait également Séid ben Sélim, gouverneur de la colonie
arabe. Celui-ci me pria de l'accompagner à sa demeure.

» Sur notre passage, la foule était compacte.
Les pagazis par centaines, les guerriers et leur
chef, les enfants, noirs chérubins, entre les jam-
bes de leurs parents, jusqu'aux bébés suspendus
au dos de leurs mères : tous payaient de leurs
regards fixes le tribut qui était dû à ma couleur.
Mais l'ovation était muette : seuls, le vieux chef
et les Arabes m'adressaient la parole.

» La maison de Ben Sélim occupait l'angle nord-
ouest d'un enclos situé dans le village, et protégé
par une forte estacade. Le thé y fut servi dans une
théière en argent, accompagnée d'une cloche de
même métal, sous laquelle fumait une pile de
crêpes. Je fus convié à en prendre ma part. Un
homme qui vient de faire à jeun treize kilomètres
en plein soleil, et qui naturellement a bon appétit,
est dans d'excellentes conditions pour partager le
repas qu'on lui offre.

» Après cette collation, les questions commencèrent : politiques, commerciales, curieuses, cancannières, futiles; graves, et, entre autres, celles-ci :

» — Qu'est devenu cet Hadji Abdallah que nous avons vu ici il y a une douzaine d'années avec Spiki?

» — Hadji Abdallah! je ne le connais pas. Ah! si fait : nous l'appelons Burton. Il est maintenant consul à Damas, la ville que vous nommez El Cham.

» — Heh! heh! belyouz! Heh! heh! à El Cham? N'est-ce pas auprès de Betlem et de Koudis?

» — Oui, environ à quatre jours de marche.

» — Et Spiki?

» — Il s'est tué à la chasse.

» — Ouallah !Spiki est mort! Triste nouvelle. Moch Allah! Un homme excellent! excellent! Ough! Spiki est mort!

» — Dites-moi, cheik séïd, où est Cazé?

» — Cazé? je ne sais pas.

» — Comment! vous y étiez avec Burton, avec Speke, et plus tard avec Grant. Vous y avez passé avec eux plusieurs mois; cela doit être près d'ici. N'est-ce pas chez Mousa-Mzouri que Hadji Abdallah et Speke ont demeuré?

» — Oui, mais à Tabora.

» — Alors, où est Cazé? je le demande à tout le monde, personne ne peut me le dire. C'est pourtant bien ainsi que les trois voyageurs ont nommé la place où vous les avez connus. Vous devez savoir où est Cazé.

» — Je n'ai jamais entendu ce nom-là. Mais, attendez, en idiome local, Cazé veut dire royaume; peut-être ont-ils nommé ainsi l'endroit où ils se sont arrêtés en arrivant. Toujours est-il que je leur ai souvent rendu visite. Abdallah demeurait chez Snay ben Amir; plus tard, Spiki et Grand occupèrent le Tembi de Mouza-Mzouri, et les maisons où je les ai vus sont toutes les deux à Tabora.

» — Merci, cheik séid. Maintenant je vous quitte.

Il faut que j'aille retrouver mes hommes et que je leur fasse donner des vivres.

» — Je vais avec vous, pour vous montrer votre demeure ; elle est à Couihara, et de chez vous à Tabora, il n'y a qu'une heure de marche. »

Ces contradictions dans la manière de désigner les pays sont bien amusantes ; lisez plutôt ce curieux récit de Francis Wey dans l'*Oberland :*

» — Comment appelez-vous cet endroit ? demanda M. Adolphe au premier qu'il rencontra.

» — Unterstock, répondit-on.

» L'homme qui le suivait ayant entendu la question, nous cria en passant :

» — Bottingen ! ia, ia, Bottingen. »

Nous étions fort embarrassés. Le guide, qui était demeuré en arrière, nous rejoignit alors et dit :

» — Nous voici à Benzenfluh.

Nous ne savions trop qu'en penser, lorsqu'une enfant sortit du pré, poursuivant sa vache, et nous apprit que nous étions devant Guttanem, ce qui accrut nos incertitudes. Enfin, un essaim de jeunes filles, accouru sur le bord du chemin pour nous voir et nous offrir des morceaux de cristal de roche, interrogées à leur tour, s'écrièrent en chœur :

» — Guttanen ! Guttanen ! Guttanen !

En quelque lieu de la Suisse allemande que vous soyez, ne questionnez jamais plus d'une personne sur le nom des localités, si vous voulez savoir à quoi vous en tenir. »

Il peut bien en être de même dans l'Afrique centrale ; et, si nous avons rapporté tout ce passage, c'est parce qu'en effet la chose arrive fréquemment ; mais ici nous trouvons dans Livingstone une autre explication plus plausible : cet explorateur rétend, en effet, que le mot *Tabora* est le nom appliqué le plus souvent à tout l'espace compris entre les collines ; il est donc raisonnable que Cazé ou Cadzé soit une *Tabora*.

Cette ville que Stanley appelle Tabora, est d'ailleurs fort bien située et fournie de tout ce qui est nécessaire à la vie. L'appartement que l'on offre au voyageur est très confortable; la maison a une chambre à coucher, une salle de bain, une soute aux poudres, un arsenal, etc. Cet endroit avait été déjà honoré de la visite d'illustres explorateurs et décrit minutieusement par Burton, Speke et Grant.

Les habitants, au nombre de cinq mille, vivent dans un grand luxe, et se montrèrent fort généreux à l'égard des voyageurs. Ils donnèrent des provisions en grande quantité et poussèrent la considération qu'ils témoignaient à M. Stanley jusqu'à le prier de faire partie d'un conseil de guerre.

Manoua-Séra, souverain du Nyanyembé, s'était brouillé avec les trafiquants arabes à qui il avait voulu imposer une taxe; ceux-ci, qui jusque-là n'avaient rien payé, le menacèrent de le détrôner; Manoua-Séra n'ayant pas voulu accepter leurs conditions, fut poursuivi et attaqué comme une bête fauve; les Arabes s'étaient établis à sa place et avaient même dépouillé le vieux Maoula, qui avait voulu soutenir Manoua-Séra.

Cette guerre avait été désastreuse; les Arabes
ne connaissent pas de frein et se livrent sans ré-
serve au pillage le plus éhonté. Maoula fut bientôt
pris et décapité par Abdallah, et les Arabes restè-
rent maîtres du pays. C'était cependant parmi eux
que se trouvait M. Stanley, et il lui était difficile
de ne pas reconnaître leur activité, leur libéralité
et leurs aptitudes au développement d'un commerce régulier et bien entendu dans l'intérieur de
l'Afrique, tout en avouant l'illégalité des moyens
qu'ils emploient la plupart du temps.

Il s'agissait alors d'un nommé Mirambo qui,
grâce à une conscience des plus élastiques et fort
peu de scrupules sur le choix des moyens, avait
fini par imposer sa souveraineté aux environs de
Cazé. Il menaçait d'envahir tous les districts envi-
ronnants, et c'est contre lui que l'on désirait marcher. La guerre fut décidée.

M. Stanley, pensant s'ouvrir plus facilement de
cette façon une route pour arriver à Livingstone,
résolut de marcher avec les Arabes; mais ceux-ci,
vainqueurs d'abord, négligèrent quelques-uns de

Nègre Africain

ses conseils, et une déroute générale s'ensuivit, dans laquelle les Arabes montrèrent une grande indifférence envers les malades et les blessés; chacun ne songeant qu'à soi et fuyant tous à qui mieux mieux. M. Stanley perdit là Ouledi, l'ancien serviteur de Grant, et le petit Mabrouki.

L'explorateur fit sentir aux Arabes qu'il n'avait plus aucune raison pour s'occuper de leurs querelles. Mais la guerre n'était pas finie; Mirambo parvint à se défaire d'Abdallah et livra Tabora aux flammes. Le pays était ruiné et les trafiquants ne pensaient plus qu'à l'abandonner.

D'un autre côté, la fièvre tourmentait M. Stanley, et aussi une sorte de prostration due au découragement qui envahit cet homme, né bon et généreux, en face des turpitudes de la trahison et de la lâcheté. Il se trouvait seul, bien seul, et les Arabes ne manquaient pas d'exploiter cette disposition d'esprit en l'irritant par les pronostics les plus lugubres.

Enfin, bien décidé à ne plus se mêler aux différends des indigènes et à ne plus penser à Mirambo, M. Stanley partit de Couihara le 20 septembre. Il eut d'abord maille à partir avec la mauvaise volonté de sa troupe; Shan, l'un d'eux, un blanc cependant, se disait malade; les autres désertaient dès que l'occasion s'en présentait; on fut même obligé d'employer les corrections corporelles et la chaîne... triste extrémité pour un Européen !

Ce fut au milieu de ces péripéties et après s'être débarrassé de Shan, que l'on arriva à Gounda.

« C'est, dit M. Stanley, un gros bourg qui peut compter quatre cents familles, environ deux mille âmes. Il est défendu par une estacade ayant embrasures, fossé et contrescarpe. Des bastions rapprochés, percés de meurtrières, d'où les tireurs les plus habiles peuvent viser les chefs ennemis, dominent cette enceinte, dont le bois a trois pouces d'épaisseur, et dont la base est protégée par un talus de plus d'un mètre d'élévation. Autour de la place, dans un rayon de deux à trois kilomètres, le sol a été dépouillé de tout ce qui permettait à l'ennemi de dissimuler son approche. Trois fois Mirambo a essayé de prendré le village, trois fois il a été repoussé ; et les habitants de Gounda peuvent se vanter à juste titre d'avoir résisté au plus hardi forban qu'ait vu le pays de Mouézi depuis plusieurs générations. »

La fièvre règne en permanence dans ces régions.

Poursuivant leur route, les voyageurs rencontrèrent les champs de Magnéra, qui vint lui-même faire visite à M. Stanley, non sans difficulté, et après avoir reçu de riches cadeaux ; les provisions qu'il apporta récompensèrent dignement d'ailleurs M. Stanley de sa libéralité. Cette visite fut très amusante ; les Africains ne pouvaient revenir de leur admiration à la vue des armes à feu, des revolvers, et la boîte à médicaments surtout, les surprit fort ; l'ammoniaque, mis sous le nez du chef, le renversa du coup et excita les rires inextinguibles de l'assemblée.

Après Magnéra, le Gombé, précédé d'un parc magnifique, peuplé de springboks. Ce sont des gazelles, et il y en a de plusieurs espèces. On les

appelle *gazelles euchores, gazelles à bourse, gazelles à parade, antilopes pygargues, antilopes sau-
teuses,* noms qui expriment tous les traits qui les
caractérisent. Elles ont de vingt-quatre à vingt-
huit pouces à l'épaule ; l'arrière-train est un peu
plus élevé ; avec cela, quatre pieds de longueur
tout au plus, un repli_longitudinal sur la croupe,
renfermant de longs poils blancs érectiles ; cette
gazelle est fauve au repos et d'un blanc neigeux
lorsqu'elle fuit en ouvrant sa bourse. Son départ,
dit Mme H. Lorreau, à qui j'emprunte ces détails, est
une série de bonds étranges : douze pieds de hauteur, l'aisance de l'oiseau, on dirait un vol. Après
quelques-uns de ces bonds prodigieux, auxquels le
dé.loiement de la bande neigeuse donne une apparence fantastique, la troupe se met à courir : un
trot léger, rapide, sans effort, des mouvements de
tête pleins de grâce, un jeu plutôt qu'une fuite. La
piste d'un lion, d'un chariot, la trace d'un objet ou
d'un être suspect, et d'un saut l'espace est franchi.
Il faut lire dans les anciens récits de chasse ou de
voyage, le tableau des migrations des springboks.
Nous ne savons de comparable que le passage du
pigeon voyageur, raconté par Audubon. Les mêmes

termes son: employés dans les deux cas : *ces légions coulaient à flots pressés et depuis des heures.* La plaine, à perte de vue, n'est qu'une nappe vivante, dit Cumming, et j'affirme que, dans le seul champ de ma vision, le nombre des springboks était de plusieurs centaines de milles. Nous pourrions citer vingt témoignages non moins affirmatifs.

Cela nous rappelle les grands troupeaux de buffles qui, en Amérique, arrêtent un convoi pendant trois ou quatre heures.

J'ai beaucoup de peine à résister au plaisir de citer M. Stanley; mais quoi ? Il ne m'est pas permis de faire un ouvrage avec la plume des autres, et pourtant M. Stanley est si intéressant ! Et cela se comprend : c'est un reporter, et un reporter de joyeuse humeur, qui vous rend compte de ses moindres impressions, et tout cela, sur un ton de gauloise fantaisie qui n'a rien de la raideur anglaise. Les explorateurs que je me suis promis d'étudier ont leur manière d'écrire à eux, et c'est bien de ceux-là que Buffon a pu dire; le style, c'est l'homme. Ils n'ont pas le temps d'écrire, et de *grimer*, pour ainsi dire leurs phrases; tout est fait au pied levé, ce sont des notes, et leur caractère, s'y décrit tout entier. Nordenskiold est net, rempli de faits scientifiques sans aucun ornement, Livingstone a cette douce philosophie du pasteur protestant, évangélisant partout et quand même; Stanley est journaliste avant tout; Crevaux est........ français, et ma foi! je crois que cela veut tout dire.

M. Stanley tue des gazelles et se reproche de mettre à mort ces innocentes bêtes; il vise par trois fois des zèbres, les nobles habitants de l'Afrique, et par trois fois laisse tomber tomber son fusil à terre, honteux d'occire de si beaux animaux; bientôt pourtant une protestation muette, mais décisive, d'un habitant de l'onde le ramène à cette loi immuable et désolante de notre condition sur la terre, à savoir que la vie n'est qu'une lutte, que l'on se mange les uns les autres, et que les uns sont faits pour être mangés et les autres pour être mangeurs : il veut se baigner, mais au moment où il s'apprête à piquer une tête dans la plus belle eau que l'on puisse voir, un monstre apparaît, prêt à recevoir son corps, et lui fait faire un mouvement en arrière qui le sauve heureusement du crocodile, lequel s'apprêtait à faire un repas des plus succulents de la chair d'un explorateur américain.

Ce pays était le paradis des chasseurs ; aussi les gens de M. Stanley s'en donnèrent-ils à cœur joie ; grands amateurs de viande, ils auraient bien voulu rester en cet endroit et y faire bonne chère ; mais l'explorateur ne perdit pas de vue le but de son voyage et les obligea à partir, ce qui ne fut pas chose facile. Il fallut les menacer de brûler la cervelle au premier qui ferait le récalcitrant et notamment à un grand diable de deux mètres de haut, aux épaules invraisemblables qui faisait mine de mettre en joue M. Stanley. Heureusement, grâce à son énergie et aussi à l'intervention de Mabrouki, on put se remettre en route et traverser le pays de Conongo.

Ces pays ont des singularités qui étonnent fort les Européens à leur premier voyage dans le centre de l'Afrique : — Qu'est ce que l'oiseau à miel ? Son intelligence tient du prodige. Dès qu'il voit un homme, il l'appelle et le force à le suivre; il saute de branche en branche, et le conduit droit à une ruche où l'indigène fait une ample moisson de miel. — Et l'arbre à pêches, qui produit jusqu'à trois ou quatre hectolitres de fruits! Et les nids de fourmis qui peuvent servir d'observatoires; et les jungles dont Livingstone, Stanley, et Burton nous ont laissé des descriptions terrifiantes.

« C'est un mélange confus de broussailles et de grands arbres, dit Burton, qui vous enserre de toutes parts et qui n'est pas moins triste à la vue qu'effrayant pour l'imagination. La terre, noire et grasse, ne déchire cette couche épineuse que pour se voiler d'herbes raides et tranchantes, ayant quatre mètres de hauteur, et dont chaque lame a deux centimètres de large. D'énormes épiphytes couvrent les arbres de la racine au faîte, les enveloppant d'un linceul impénétrable, et se réunissent en masses compactes, qui représentent des nids gigantesques. Le sentier disparaît, *tué*, suivant l'expression des indigènes, par un amas de lianes rempantes, qui se tordent, se courbent, se dressent dans tous les sens, accrochent, enlacent, étreignent tout ce qui les environne, et finissent par étrangler jusqu'au baobab lui-même.

» Le sol, toujours saturé d'eau, exhale une odeur d'hydrogène sulfuré; on peut croire, en maint endroit, qu'un cadavre est derrière chaque buisson. Des nuages livides, chassés par un vent froid et furieux, se heurtent et crèvent en larges ondées; ou bien un ciel morne et lourd enveloppe la forêt d'un voile funèbre. Même par le beau temps, l'atmosphère de ces lieux sinistres est d'une teinte blafarde et maladive; et ses brumes, en concentrant les rayons du soleil, ne laissent passer qu'une chaleur moite et suffocante. Il en résulte un alanguissement physique, prostration morale dont on ressent l'effet dans tous ces climats qu'une humidité perpétuelle tour à tour froide et chaude, rend aussi insalubre que désagréable.

» Enfin, pour que rien ne manque à cet odieux tableau, de misérables cabanes, entassées au fond des jungles, abritent quelques malheureux, amaigris par un empoisonnement continu, et dont le corps et les membres déformés par les ulcères, témoignent de l'hostilité de la nature envers la race humaine. »

II

LIVINGSTONE !

Si je vous disais qu'en écrivant ce mot en tête du chapitre, je me suis senti une envie furieuse de relire tout ce qui se rapporte à cette mémorable rencontre de Stanley et du célèbre explorateur, n'ayant pas le courage d'écrire une ligne avant d'avoir revu toutes les péripéties de ce problème si hardiment résolu ! C'est comme le cinquième acte d'un drame ; les faits ne vont pas assez vite, on voudrait d'un saut franchir les distances et arriver tout de suite au dénouement.

Il s'en fallut de peu que notre chercheur, qui venait apporter au docteur aide et secours, ne se trouvât lui-même complètement ruiné et hors d'état de tirer Livingstone de la misère où il était alors plongé. Ces peuplades sont d'une étrange avidité; il est impossible de traverser un village sans payer un tribut, souvent exhorbitant. Malheur à celui qui, dans l'espoir d'avoir la tranquillité, se laisse trop facilement exploiter! Les désirs des chefs n'ont plus de limites; de quarante mètres d'étoffes dont ils se seraient d'abord contentés, ils arrivent facilement à quatre et cinq cents! Les ballots disparaissent, les provisions diminuent et ne sont pas remplacées, et la moindre faiblesse vous expose aux outrages et aux menaces.

Heureusement, un Arabe chrétien, Sélim, élève de l'évêque Gibot, fut d'un grand secours à M. Stanley, sans compter Asmani et Bombay qui arrivaient toujours à faire baisser un peu les prétentions des chefs.

Le premier chef que l'on rencontra fut Simba, fils de Mkésihova, chef du Gnagnembé : Stanley avait malheureusement la réputation d'être riche et libéral, il n'en fallait pas plus. On n'en sortit pas à moins d'une dizaine de mètres d'étoffe; mais dans le pays de Zavira, redoutable à tous égards, chaque chef demandait quarante, cinquante mètres et on avait la perspective d'en rencontrer encore cinq ou six semblables jusqu'au Tanguégnica.

Stanley ne pouvait abandonner pourtant son projet; le pays était très difficile, les villages abandonnés, la végétation presque nulle; les hommes avaient mangé leur dernier morceau de viande; la caravane n'avait plus que du thé et du sucre. Pour quarante-cinq affamés c'était une maigre pitance. Mais on avait eu des nouvelle de Livingstone sur les bords du Malagarazi; on avait parlé d'un homme blanc au pays de Djidji... il fallait aller de l'avant coûte que coûte.

Il fallait aussi éviter les chefs dont les prétentions augmentaient de jour en jour. Stanley s'avisa d'un stratagème. Deux Zanzibariens étaient venus lui réclamer le tribut de la part d'un roi de l'Ouhha. Après bien des discussions, le prix du passage fut réglé, mais Stanley demanda aux deux Zanzibariens le moyen d'éviter les autres chefs qui se trouvaient sur sa route. Ceux-ci, étonnés d'abord, finirent par céder à l'offre de quarante mètres d'étoffe et consentirent à guider la caravane à travers le jungle.

En effet, tout se passa ainsi qu'il avait été convenu et le lendemain on se trouvait en vue du Tanguégnica! Inutile de décrire la joie des voyageurs; c'est du délire; tous jetaient leur coiffure en l'air, invoquaient et remerciaient Allah; quant à M. Stanley, une joie indéfinissable l'envahissait. Livingstone était là !

« Good morning, sir ! »

« — Je retourne vivement la tête, dit M. Stanley, cherchant qui a proféré ces paroles; et je vois une figure du plus beau noir, celle d'un homme tout joyeux, portant une longue robe blanche, et coiffé d'un turban de calicot, un morceau de cotonnade américaine, autour de sa tête laineuse.

« Qui diable êtes vous? demandai-je.

« — Je m'appelle Souzi, le domestique du docteur Livingstone, dit-il avec un sourire qui découvrit une rangée de dents éclatantes.

» — Le docteur est ici ?

» — Oui, monsieur.

» — Dans le village ?

» — Oui, monsieur.

» — En êtes-vous bien sûr ?

» — Très-sûr ; je le quitte à l'instant même.

» — Good morning, sir, dit une autre voix.

» — Encore un ! m'écriai-je.

» — Oui, monsieur.

» — Votre nom ?

» — Chumâ.

» — L'ami de Nouikotoni?

» — Oui, monsieur.

» — Le docteur va bien !

» — Non, monsieur.

» — Où a-t-il été pendant si longtemps.

» — Dans le Mignéma.

» — Souzi, allez prévenir le docteur.

» — Oui, monsieur.

Et il partit comme une flèche. »

Ceux de nos lecteurs qui ont lu notre relation des voyages de Livingstone, se rappellent que son séjour chez les Magnouémas lui avait été funeste. Les traitants avaient plusieurs fois entravé sa marche les chefs, la plupart cannibales, s'étaient montrés fort peu hospitaliers ; de plus, sa santé s'affaiblissait ; il avait des ulcères au pieds ; il avait été forcé d'être témoin d'un horrible massacre au marché de Gnangoué ; toutes ces circonstances l'avaient obligé à rebrousser chemin : arrivé à Caouélé dans le Djidji, il avait appris que Chérif avait tout vendu et qu'il se trouvait réduit à la dernière misère.

C'est dans cette situation que Stanley trouvait le docteur. Comme je l'ai écrit en tête de cet ouvrage, ce livre est un livre *de bonne foy*, c'est-à-dire sans forfanterie et fait seulement pour être utile, si faire se peut ; mais je ne sais comment exprimer ici ce qui se passe en moi quand je me représente l'entrevue soudaine pour Stanley, inespérée pour Livingstone, de ces deux hommes, bons, braves, généreux tous deux, donnant sans hésiter tout ce que la nature a pu mettre en eux de force, de volonté et d'intelligence à la même idée scientifique, et se retrouvant là au milieu des sauvages, l'un désespéré, mais plein de confiance en Dieu, l'autre plein de force et de jeunesse, le visage rayonnant de toute la joie que peut mettre au cœur d'un honnête homme la satisfaction du devoir accompli.

Oh ! comme je comprends bien Stanley écrivant sans rougir ces mots bien plus français qu'américains et que nous autres vieux Gaulois entendons à merveille :

« — Que n'aurais-je pas donné pour avoir un petit coin du désert où, sans être vu, j'aurais pu me livrer à quelque folie : me mordre les mains, faire une culbute, fouetter les arbres ; enfin donner cours à la joie qui m'étouffait ! Mon cœur battait à se rompre ; mais je ne laissais pas mon visage trahir mon émotion, de peur de nuire à la dignité de ma race. »

Livingstone était là devant la porte de sa case, vieilli, amaigri, et regardant sans vouloir à peine y croire, cet américain qui lui tombait du ciel et lui semblait comme un rayon de soleil dans sa nuit.

Vous vous rappelez que Stanley n'avait pas eu de très bons renseignements sur le caractère de Livingstone, lors de son entrevue avec le docteur Kirk ; aussi ce ne fut qu'avec une sorte de crainte respectueuse qu'il s'avança vers lui. Mais ils n'avaient pas dit deux mots tous deux qu'ils s'étaient compris et aimés.

Ils avaient bien des choses à se dire : Stanley apportait des lettres qui étaient depuis 365 jours en route ; de plus, l'Europe, depuis le départ de Livingstone, avait été le théâtre d'une foule d'évènements importants.

En Espagne, la reine Isabelle avait été renversée et la révolution avait proclamé la liberté des cultes, premier pas que fait tout peuple civilisé vers l'indépendance absolue des idées et des croyances ; — le Danemark avait perdu une partie de son territoire; — enfin la terrible guerre franco-prussienne avait semé partout la terreur et amené l'effondrement de l'empire.

Et Livingstone avait aussi à raconter ses voyages; récit émouvant qu'il résuma en quelques pages et que nous avons déjà rapportés en détail. Entre mars 1866 et octobre 1871, il avait découvert trois lacs; le Bangouéolo, le Moéro et le Kémolondo réunis par la rivière de Webb qui, précipitée dans la Bangouéolo sous le nom de Chambèze sort par le nord du lac sous le nom de Louapoula pour se rendre dans le Moéro; Livingstone acquit ainsi la certitude que le Chambèze n'a rien de commun avec le Zambèze, et que la rivière à laquelle il donnait le nom de Webb ne pouvait être le Congo, dont l'origine se trouve sur le versant occidentale de la ligne de faîte, à peu près sous la même latitude que le lac Bangouéolo.

On se souvient qu'Hérodote, dont les récits, au milieu d'une foule de légendes et de descriptions fantaisistes auxquelles les historiens sérieux ne sauraient accorder grande créance, renferment cependant beaucoup de vérités dont on a reconnu plus tard l'exactitude, a fait une peinture des sources du Nil conforme aux récits que lui avait fait le trésorier de Minerve dans la ville de Saïs. Cette description parle de quatre fontaines que l'on a signalées bien souvent à Livingstone et dont il n'a jamais réussi à approcher. Ces quatre fontaines se déverseraient au nord dans la Loualaba, au sud dans le Zambèze.

Il serait donc possible, d'après lui, que la rivière de Webb rencontrât quelque part, le vieux Nil, et dès lors la question des sources serait résolue.

Livingstone aurait donc pu atteindre ce but tant convoité depuis des siècles, si les traitants arabes n'avaient entravé sa marche et ne l'avaient forcé de rebrousser chemin vers le Djidji.

Ainsi s'écoulaient les heures en récits pressés; Livingstone recouvrait la santé et répétait à chaque instant: Vous m'avez sauvé la vie! Stanley écoutait cette voix douce, harmonieuse, où se dévoilait toute l'âme du célèbre voyageur.

Livingstone n'avait pu parvenir à explorer la partie septentionale du Tanguégnica ; il fallait pourtant savoir si cette partie du lac se reliait au lac Albert par un cours d'eau. Il fut décidé que l'on demanderait un canot à Séid ben Medjid et que l'on partirait avec les rameurs de Stanley. Il s'agissait surtout de savoir où se jetait le Roussizi, rivière sur la situa tion exacte de laquelle on n'avait pu encore être fixé. Les Arabes prétendaient que le Roussizi sortait du lac et se rendait au lac Albert ou au lac Victoria.

Les sites parcourus dans ces premières étapes sont admirables : les rives sont couvertes de hameaux de pêcheurs enfouis dans des bosquets de palmiers, de bananiers, de figuiers du Bengale et de mimosas ; la terre est féconde, les jardins sont pleins d'une luxuriante végétation ; la pêche ne laisse rien à désirer. M. Stanley fait observer avec raison que la vie des habitants de ces parages doit être bien douce et que les souffrances qu'ils endurent lorsqu'ils sont arrachés à cet Eden pour traîner des chaînes à la suite d'odieux trafiquants doivent dépasser tout ce que l'on pourrait s'imaginer.

Il fallait user de ruse avec les chefs des districts qui commençaient toujours par demander avant de rien apporter. Mais Livingstone n'était pas homme à se laisser prendre à ces pièges grossiers et obtenait toujours ce qu'il voulait ; néanmoins les indigènes avaient plus d'un tour dans leur sac ; ils distribuèrent du vin de palme aux gens chargés de veiller sur le canot, et pendant le pesant sommeil de Souzi et de Bombay, alourdis par la perfide boisson, volèrent tout ce qu'ils purent, cartouches, balles et même une ligne de Sonde de 1663 mètres, sans compter de la farine et du sucre.

Il s'en fallut de peu que la même chose ne leur arrivât un peu plus loin : trois ou quatre bandes de noirs étaient venus les saluer après la chute du jour, ce qui ne se fait jamais dans cette partie de l'Afrique. Aussi les voyageurs, soupçonnant avec raison un piège, profitèrent-ils d'un moment où les indigènes s'étaient éloignés, pour repousser sans bruit leur canot au large et échappèrent ainsi à un danger imminent.

Enfin les voyageurs arrivèrent à l'embouchure

du Roussizi et purent s'assurer par eux-mêmes que cette rivière entre dans le lac et ne lui sert pas de débouché comme on l'avait cru jusqu'alors. Un chef nommé Rouhinga avait d'ailleurs donné des renseignements très précis sur cette partie du lac ; d'après lui, le lac Kivo, étendue d'eau au nord du Tanguégnica, est entouré de montagnes au nord et au couchant. C'est du côté nord-ouest que sort le Roussizi, d'abord petit ruisseau rapide, puis grossi de beaucoup de rivières et ayant déjà quatorze affluents lorsqu'il reçoit la Rouanda, le plus large de tous.

La question se trouvait donc résolue, mais celle d'un affluent du Tanguégnica restait obscure ; Livingstone était persuadé qu'il devait y en avoir un et en effet Caméron le découvrit plus tard ; c'est le grand cours d'eau Loucouga qui sort de l'extrémité sud-ouest du Tanguégnica.

Rien ne retenait désormais les voyageurs et ils pouvaient revenir au au Djidji satisfaits de leur tâche accomplie. Quelques îlots rocheux découverts au nord-est du cap Cabogi par 3° 41' latitude méridionale reçurent le nom d'îlots du New-York Hérald. Après vingt huit jours d'absence, ils revinrent au Djidji le douze décembre où M. Stanley trouvait une lettre du consul Webb.

Les voyageurs avaient fait plus de 180 kilomètres,

III

SÉPARATION

La demeure de Livingstone à Djidji est un monument historique, dit M. Stanley, et nous sommes bien de son avis. C'est là où le grand explorateur a souffert sans perdre courage, où il a rencontré un secours inespéré, sans cependant vouloir abandonner sa tâche. Il aurait bien pu retourner à Londres avec M. Stanley, mais il n'avait pas achevé son œuvre et rien ne pouvait l'en détourner.

« — Je serais assurément très heureux de voir ma famille; oh! très heureux! Les lettres de mes enfants m'émeuvent plus que je ne saurais dire; mais je ne pas m'en aller, il faut que je finisse ma tâche. C'est le manque de ressources, je vous le repété, qui m'a seul retardé. Sans cela, j'aurais complété mes découvertes et suivi la rivière que je crois être le Nil jusqu'à sa jonction avec le lac Baker ou avec la branche de Pétérick. Un mois de plus dans cette direction, et j'aurais pu dire : mon œuvre est terminée. Pourquoi s'être adressé aux Banians pour avoir des hommes? Je ne le devine pas. Le docteur Kirk savait bien ce qne valent les esclaves ; comment a-t-il persisté à leur confier mes bagages? »

Il fallut songer à préparer la caravane de retour à Couihara ; pendant que M. Stanley s'occupait de ces détails, Livingstone faisait sa correspondance. Puis vint la Noël, la *Christmas*, que tout bon Anglais doit célébrer avec beaucoup de solennité... Enfin l'on partit le 27 décembre.

M. Stanley fait remarquer qu'à l'embouchure du Malagarazi et à Sigounga on fonderait avantageusement des missions.

« A l'entrée de la petite baie, dit-il, se voyait une île charmante qui nous fit songer à des missionnaires, auxquels elle offrirait un siège excellent : assez d'étendue pour contenir un grand

village, et dans une position facile à défendre : un port bien abrité, des eaux calmes et poissonneuses, où des pêcheries pourraient s'établir; au pied de la montagne, le sol le plus fécond et pouvant suffire aux besoins d'une population cent fois plus nombreuse que celle de l'île; le bois de charpente sous la main; tout le pays giboyeux; enfin, dans le voisinage, des habitants doux et polis, enclins aux pratiques religieuses, et n'attendant que des pasteurs. »

Dès que toute la caravane se trouva réunie on partit du delta du Loadjéri; mais les erreurs continuelles du guide obligèrent Stanley à se servir de la boussole, avec laquelle on arriva tout droit à l'ancien camp d'Itaga, au grand ébahissement du guide qui avait manifesté son incrédulité au sujet de la *petite machine.*

Il y avait quelques jours que l'on souffrait de la faim, Stanley avait la fièvre et des blessures aux pieds; Livingstone souffrait aussi beaucoup de la fatigue; ce fut donc avec une grande joie que l'on vit les indigènes d'Itaga apporter des vivres : deux zèbres furent tués et mangés; on se retrouvait de nouveau dans l'abondance.

Lé 18 février, lés voyageurs arrivèrent dans la vallée de Couihara, après cinquante-trois jours de marche depuis le Djidji.

C'était là que les deux explorateurs devaient se quitter; l'un pour retourner à Londres, l'autre pour s'enfoncer de nouveau dans le sud. On trouva les caisses envoyées pour Livingstone; mais leur ouverture fut une cruelle déception; elles avaient été dévalisées ou ne contenaient presque rien d'utile.

Stanley fit ses préparatifs de retour, et Livingstone écrivit les lettres qu'il devait emporter avec le journal du docteur. Nous transcrivons ici celle que Livingstone adressait à M. Bennett fils, qui avait si généreusement envoyé à sa recherche :

Djidji-sur-Tanguégnica (Afrique orientale),

Novembre 1871.

« A James Gordon Bennett fils, Esq. »

« Mon cher Monsieur,

» Il est en général assez difficile d'écrire à une

personne que l'on n'a jamais vue ; il semble que l'on s'adresse à une abstraction. Mais, représenté que vous êtes dans cette région lointaine par M. Stanley, vous ne m'êtes plus étranger ; et, en vous écrivant pour vous remercier de l'extrême bonté qui vous a inspiré son envoi, je me sens complètement à l'aise.

» Quand je vous aurai dit l'état dans lequel il m'a trouvé, vous comprendrez que j'ai de bonnes raisons pour employer, à votre égard, les termes les plus forts d'une ardente gratitude.

» J'étais arrivé au pays de Djidji, après une marche de six cent cinquante à huit cents kilomètres, sous un soleil éblouissant et vertical ; ayant été harcelé, trompé, ruiné, forcé de revenir alors que je touchais au but ; obligé d'abandonner ma tâche dont j'apercevais la fin ; et cela par des métis musulmans, que l'on m'envoyait de Zanzibar, des esclaves au lieu d'hommes.

» Cette douleur, aggravée par les tableaux navrants que j'avais sous les yeux, de la cruauté de l'homme envers son semblable, faisait chez moi de grands ravages et m'avait affaibli outre mesure; je me sentais mourir sur pied. Je n'exagère rien en disant que chacun de mes pas dans cet air embrasé était une souffrance, et j'arrivai à Djidji à l'état de squelette.

» Là, j'appris que des marchandises que j'avais demandées à Zanzibar, et qui valaient encore douze mille cinq cents francs, avaient été confiées à un ivrogne, qui, après les avoir gaspillées sur la route, pendant seize mois, avait fini par acheter, avec le reste, de l'ivoire et des esclaves dont il s'était défait.

» La divination, disait-il, au moyen du Coran, lui avait appris que j'étais mort. Il avait envoyé, à ce qu'il ajoutait, des esclaves dans le Mégnéma pour s'assurer du fait; les esclaves ayant confirmé la réponse du Coran, il avait écrit au gouverneur du Gnagnembé pour lui demander l'autorisation de vendre, à son profit, le peu d'étoffes que ses débauches n'avaient pas absorbées.

» Il savait bien, cependant, que je n'étais pas

mort, et que j'attendais mes valeurs avec impatience : des gens qui m'avaient vu le lui avaient dit. Mais, n'ayant aucune moralité et se trouvant dans un pays où il n'y a d'autre loi que celle du poignard ou du mousquet, il me dépouilla complètement.

» Je me trouvais donc entièrement épuisé au physique, et je n'avais d'autre ressource qu'un peu d'étoffe et de rassade, que j'avais eu la précaution de laisser à Djidji, en cas de nécessité.

» La perspective d'en être réduit avant peu à tendre la main aux habitants du pays, me mettait au supplice. Cependant, je ne pouvais pas me désespérer. J'avais beaucoup ri autrefois d'un ami qui, en atteignant l'embouchure du Zambèze, s'était plongé dans la désolation parce qu'il avait brisé la photographie de sa femme. Après un pareil malheur, disait-il, nous ne pouvions réussir. Depuis lors, il y a pour moi quelque chose de si burlesque dans la seule pensée du désespoir, que je ne saurais m'y abandonner.

» Alors que je touchais à la plus profonde misère, de vagues rumeurs, au sujet de l'arrivée d'un européen, vinrent jusqu'à mon oreille. Je me comparais souvent à l'homme qui descendait de Jérusalem à Jéricho, et je me disais que ni prêtre, ni lévite, ni voyageur ne pouvait passer près de moi. Pourtant le bon samaritain approchait.

» Il arriva; un de mes serviteurs accourant de toutes ses forces et pouvant à peine parler, me jeta ces mots : « Un Anglais qui vient! je l'aivu! » Puis, il repartit comme une flèche.

» Un drapeau américain, le premier qui ait paru dans cette région, m'apprit la nationalité du voyageur.

» Je suis aussi froid, aussi peu démonstratif que nous autres insulaires nous avons la réputation de l'être. Mais votre bonté a fait tressaillir toutes mes fibres. J'en suis réellement accablé et ne peux que dire en mon âme : « Que les plus grandes bénédictions du Très-Haut descendent sur vous et sur les vôtres! »

» Les nouvelles qu'avait à me dire M. Stanley étaient bien émouvantes. Les changements survenus en Europe, le succès des câbles atlantiques, l'élection du général Grant, et beaucoup d'autres faits non moins surprenants, ont absorbé mon attention pendant plusieurs jours et produit sur ma santé une action immédiate et bienfaisante. Sauf le peu que j'avais glané dans quelques numéros du *Punch* et de la *Saturday Review* de 1868, j'étais sans nouvelles d'Angleterre depuis des années. Bref, l'appétit me revint, et au bout d'une semaine j'avais retrouvé des forces.

» M. Stanley m'apportait une lettre bien gracieuse, bien encourageante de lord Clarendon. Cette dépêche de l'homme éminent, dont je déplore sincèrement la perte, est la première que j'aie reçue du *Foreign-Office* (Ministère des affaires étrangères) depuis 1866.

« C'est également par M. Stanley que j'appris que le gouvernement britannique m'envoyait une somme de vingt-cinq mille francs. Jusque-là rien ne m'avait fait pressentir cette assistance pécuniaire. Je suis parti sans émoluments ; aujourd'hui le manque de ressources est heureusement réparé ; mais j'ai le plus vif désir que, vous et vos amis, vous sachiez que, malgré l'absence de tout encouragement, pas même une lettre, je me suis appliqué à la tâche que m'a confié sir Roderick ; que je m'y suis appliqué, dis-je, avec une tenacité de John Bull, croyant qu'à la fin tout s'arrangerait.

» La ligne du partage des eaux de l'Afrique centrale, de ce côté-ci de l'équateur, a une longueur de plus de onze cents kilomètres ; les sources que sépare cette ligne de faîte sont innombrables ; c'est-à-dire que, pour les compter, il faudrait la vie d'un homme. De ce déversoir, elles convergent et se réunissent dans quatre grandes rivières, qui, à leur tour, rejoignent deux puissants cours d'eau de la grande vallée du Nil. Cette vallée commence entre le douzième et le dixième degré de latitude méridionale.

» Ce ne fut qu'après de longs travaux que je vis s'éclairer l'ancien problème, et que je pus avoir une idée précise du drainage de cette région. Il me fallut chercher ma route, la chercher sans cesse à chaque pas, et presque toujours à tâtons. Qui se souciait de la direction des rivières? Nous buvons tout notre content, et nous laissons le reste couler, m'était-il répondu.

» Les Portugais n'allaient chez Cazembé que pour y acheter de l'ivoire et des esclaves, et n'y entendaient pas parler d'autre chose. Pour moi, c'était le contraire, je ne m'informais que des eaux; questions sur questions, que je répétais sans cesse, au point d'avoir peur d'être accusé de folie.

» Mon dernier travail, auquel le manque d'auxiliaires convenables apporta de grands obstacles, consista dans l'examen du canal d'écoulement que j'ai suivi à travers le Mégnouéma ou Mégnéma. et qui, sur une largeur de seize cents à cinq mille mètres, n'est guéable en aucun endroit à aucune époque de l'année. La ligne de ce canal présente quatre grands lacs. J'étais voisin du quatrième quand il m'a fallu revenir.

» La Loufira ou rivière de Bartle-Frère, qui

vient du couchant, tombe dans le lac Kémolondo;
le Lomani, grande rivière qui vient également de
l'ouest, se jette dans le même lac, après avoir traversé le lac Lincoln, et semble former la branche
occidentale du Nil, sur laquelle sont les établissements de Péthérick.

» Je connais actuellement près de mille kilomètres de ce système fluvial; malheureusement, les
derniers deux cents, ceux que je n'ai pas vus, sont
les plus intéressants. Si l'on ne m'a pas trompé,
on y trouve quatre fontaines sortant d'un monticule
terreux; l'une de ces quatre sources ne tarde pas à
être une grande rivière.

» Deux de ces fontaines s'écoulent au nord, vers
l'Egypte, par la Loufira et la Lomani; les deux autres
vont au sud, dans l'Ethiopie intérieure, et forment
le Cafoué et le Liambaye, qui est le Haut-Zambèze.

» Ne serait-ce pas de ces quatre fontaines que le
trésorier du temple de Minerve parla jadis à Hérodote, et dont la moitié des eaux se dirigeait vers
le Nil, et l'autre moitié vers le sud?

» J'ai entendu parler si souvent de ces quatre fontaines, en différents endroits, que je ne doute pas de leur existence ; et malgré le désir poignant du retour, qui me saisit chaque fois que je pense à ma famille, je voudrais couronner mon œuvre en faisant de nouveau la découverte.

» Une cargaison, valant 12,500 fr. a été encore confiée, chose inexplicable, à des esclaves. Elle a mis un an, au lieu de quatre mois, pour venir dans la Gnagnembé, où elle se trouve à présent ; il faut que j'aille la chercher pour continuer mes trvaux, et je suis obligé de le faire à vos dépens.

» Si mes rapports, au sujet du terrible commerce d'esclaves qui se fait à Djidji, peuvent conduire à la suppression de la traite de l'homme sur la côte orientale, je regarderai ce résultat comme bien supérieur à la découverte des sources du Nil. Maintenant que, chez vous, l'esclavage est à jamais aboli, aidez-nous à atteindre ici le même but. Ce beau pays est frappé comme une malédiction céleste ; et, pour ne pas porter atteinte aux priviléges esclavagistes du petit sultan de Zanzibar, pour ne pas porter atteinte aux droits de la couronne de Portugal, droits illusoires, un mythe, on laisse subsister le fléau, en attendant que l'Afrique devienne pour les traitants portugais une nouvelle Inde.

» Je termine en vous remerciant du fond du cœur de votre grande générosité.

Votre reconnaissant,

DAVID LIVINGSTONE. »

Nous ne voulons pas nous arrêter plus qu'il ne convient sur cette lettre de Livingstone, mais nous y constaterons deux passages bien caractéristiques. Il avait bien ri, dit-il, en voyant un de ses compagnons se désespérer parce qu'il avait brisé la photographie de sa femme. Nous voyons là un effet de cette exubérante gaieté dont parle Stanley et de ce rire homérique qui illuminait toute sa face et désarmait même les sauvages. Il riait des pieds à la tête, dit Stanley.

Et puis, une fois les remerciements faits à M. Bennett, il se livre tout entier à cette idée généreuse qui paraît avoir guidé tous les pas de Livingstone dans l'Afrique équatoriale, l'abolition du commerce d'esclaves. C'est bien là le but que dans son âme chrétienne il poursuit sans cesse et dont rien ne saurait le distraire.

Revenons à M. Stanley.

« Ce soir, dit-il, un groupe d'indigènes s'est réuni devant ma porte pour y exécuter en mon honneur, une danse d'adieux. C'étaient les *pagazis* de Singéri, chef de la caravane de Mtésa. Mes braves sont allés rejoindre ce groupe ; et, en dépit de moi-même, entraîné par la musique, je me suis mis de la partie, à la grande satisfaction de mes hommes ; ils étaient ravis de voir leur maître se départir de sa raideur habituelle.

» Une danse enivrante, après tout, bien que sauvage. La musique en est vive ; elle sortait de quatre tambours sonores, placés au milieu du cercle. Bombay, toujours comique, était coiffé de mon seau ; le robuste Choupéri, l'homme au pied agile et sûr, avait une hache à la main, une peau de chèvre sur la tête ; Mabrouki, tête de taureau, tout à fait dans son rôle, faisait des bonds d'éléphant solennel; Baraca, drapé dans une peau d'ours, brandissait une lance; Oulimengo, armé d'un mousquet, paraissait affronter cent mille hommes, tant il avait l'air féroce; Khamisi et Camna, dos à dos devant les tambours, lançaient ambitieusement des coups de pied aux étoiles; le géant Asmani, pareil au Dieu Thor, se servait de son fusil comme d'un marteau pour broyer des bandes imaginaires.

» Toute autre passion dormait; il n'y avait là, sous le ciel étoilé, que des démons jouant leur rôle dans un drame fantastique, entraînés au mouvement par le tonnerre irrésistible des tambours.

» La musique guerrière s'arrêta pour faire place à une autre. Le chorége se mit à genoux, et se plonga la tête à diverses reprises dans une excavation du sol; puis il commença son chant grava, d'une mesure lente, dont le chœur, également agenouillé, répéta d'une voix plaintive les derniers mots à chaque verset.

» Il m'est impossible de rendre les paroles, le

ton et l'accent passionné de ce chant dont le rhythme était parfait, et qui avait pour objet de célébrer la joie de ceux qui retournaient avec moi à Zanzibar et la douleur de ceux qui demeuraient avec Singéri. »

Le heures se succédaient rapidement, trop rapidement an gré des deux voyageurs : Stanley heureux d'avoir atteint le but, d'avoir trouvé un si aimable compagnon, Livingstone tout triste de se voir bientôt seul de nouveau, devant l'inconnu.

Enfin le moment arriva et les deux hommes se quittèrent, avec quelle émotion, on le devine !

IV

RETOUR

Chemin faisant, Stanley retrouva l'endroit où avait été enterré Facqhar ; il fit un *cairn* avec des pierres afin de perpétuer le souvenir du premier blanc qui soit mort dans cette partie de l'Afrique. Puis il fallut traveseer des pays inondés ; sur cent villages, trois restaient à peine et les eaux retirées avaient laissé à nu une horrible scène de désolation. Dans une de ces traversées par des plaines inondées M. Stanley faillit perdre les preuves de sa rencontre avec Livingstone et, ainsi que noas le verrons plus tard, cette perte aurait été très préjudiciable au hardi voyageur. Un courrier nommé Rojab, au lieu de lieu de suivre à califourchon la poutre que l'on avait mise en travers du marais à traverser, se jeta à l'eau ayant sur sa tête la précieuse boîte qui contenait les lettres et le journal de Livingstone. A un certain endroit, il perdit pied et faillit disparaître sous l'eau.

M. Stanley le menaça de son révolver, et l'homme finit par arriver au rivage; mais on lui ôta la garde de la précieuse cassette que l'on donna à un serviteur d'une fidélité éprouvée.

Il fallut encore traverser l'affreuse jungle de Msohoua où les voyageurs avaient déjà tant souffert, puis on rentra le 6 mai à Bagamoyo.

Là une nouvelle surprise attendait M. Stanley; il retrouva le frère de Livingstone, Oswald, qui avait été envoyé à la recherche du docteur. De prime abord, il fut convenu qu'il continuerait sa route et rejoindrait David Livingstone avec la caravane que M. Stanley se préparait à lui envoyer. Puis tout d'un coup, il changea d'avis, et la caravane dut partir seule sous la conduite d'un Arabe et avec les compagnons de Stanley.

Quant au consul Kirk, il fut impossible d'en obtenir aucun service; il prétendait avoir été insulté par Livingstone; j'ai raconté dans la vie de ce dernier les griefs que le docteur pensait avoir contre lui.

Le 29 mai M. Stanley repart it pour l'Europe. Il reçut peu de temps après de la société Géographique de Londres une médaille et une tabatière de la reine Victoria, mais nous devons raconter au prix de quels déboires il avait dû acheter ces deux objets.

Et ici que l'on me permette de placer une petite appréciation toute personnelle :

M. Stanley, avant d'être le voyageur que l'on connaît maintenant était *reporter*, un journaliste, et son style se ressent de cette profession. Il écrit gaiement, si je puis m'exprimer ainsi, avec une pointe gasconne, tout américain qu'il soit, et ses écrits n'ont aucunement l'allure des graves relations des hommes de science qui comme Nordenskiold, ont la phrase serrée, nourrie de faits, peu ornée, et ne donnant rien à la fantaisie.

Je crois que cette manière d'écrire de M. Stanley a dû être le point de départ des plaisanteries que l'on a faites sur son épopée à travers l'Afrique. On a été jusqu'à supposer que tout cela avait tout juste la valeur d'un roman d'Alexandre Dumas et que M. Stanley n'avait jamais vu Livingstone qu'en rêve ! « *Eh! quoi*, disait Montaigne, *ces gens-là ne portent pas de haut-de chausses !* »

« Et ! quoi ! disait-on de Stanley, cet homme raconte un voyage à travers le jungle comme il écrit un article de journal, un fait divers ; cela n'est pas sérieux ! »

Ce doit être en effet un terrible crève-cœur pour l'illustre voyageur, après avoir trouvé Livingstone, lui avoir serré la main, avoir recueilli de sa bouche ces paroles fortifiantes : *Vous avez fait ce que bien des voyageurs plus expérimentés n'eussent pas fait*, de se voir traiter de *charlatan* par la société de Géographie de Londres.

On éplucha les lettres de Livingtone ; on leur trouva un style plus américain qu'Anglais ; on finit par découvrir que c'était Livingstone qui avait découvert Stanley et avait sorti celui-ci de la misère !

« Comment m'avez vous traité, dit M. Stanley aux journaux anglais, pour avoir fait ce qu'à ma place vous auriez fait vous-même ? Mon voyage a été mis en doute, mon récit contesté ; les lettres que j'apportais à l'appui furent taxées de faux ; mes publications raillées. Bafoué par les uns, malmené par les autres, je me suis vu assailli de grondements, comme si j'avais fait un crime.

« Ah ! que Livingstone se doutait peu que son humble ami recevait un pareil accueil ! qu'il était loin d'imaginer que mes efforts, tentés et soutenus de bonne foi, sans conscience de la malice ou de l'envie qu'ils pouvaient susciter, me vaudraient de pareilles attaques ! »

Heureusement l'heure de la réhabilitation allait sonner. Le 3 août 1872, les journaux anglais publièrent les lettres suivantes dont la traduction fut reproduite par les feuilles françaises.

Londres le 2 août.

« M. Henry Stanley m'a remis aujourd'hui le journal du docteur Livingstone, mon père, scellé et signé par lui, avec des instructions écrites extérieurement, signées par mon père, nos meilleurs remerciements lui sont dûs. Nous n'avons pas la moindre raison de douter que ce ne soit là le journal de mon père, et je certifie que les lettres apportées ici par M. Stanley sont des lettres de mon père et non d'autres.

Tom. D. Livingstone.

Le 2 août 1872.

« Je n'ai pas appris avant que vous me l'eussiez fait connaître qu'il existât aucun doute sur l'authenticité des dépêches du docteur Livingstone, que vous avez communiquées à Lord Lyons, le 31 juillet. Mais, en conséquence de votre communication, j'ai fait sur cette affaire une enquête, d'où il résulte que M. Hammond, sous-secrétaire d'Etat au Foreign-Office, et M. Wylde, chef du département des Consulats et de la traite des esclaves, n'ont pas le moindre doute sur l'authenticité des documents reçus

4.

par Lord Lyons et qui ont été livrés à l'impression. Je ne veux pas laisser échapper cette occasion de vous témoigner mon admiration pour les qualités qui vous ont permis de venir à bout de votre mission et d'obtenir un résultat qui a été salué avec un si grand enthousiasme aux Etats-Unis et dans ce pays.

Je suis, Monsieur, etc.

GRANVILLE. »

Le dernier journal de Livingstone dont nous avons donné autre part un résumé est venu corroborer les lettres ci-dessus et mettre, par cette sorte de testament posthume, M. Stanley à l'abri de toute critique et de toute accusation.

DEUXIÈME PARTIE

LE LAC VICTORIA NYANNZA

Ce voyage avait éveillé chez M. Stanley la noble ambition de faire aussi des découvertes dans le centre de l'Afrique, mais la mort de Livingstone lui donna plus que jamais l'envie de parfaire l'œuvre du grand explorateur.

Il apprit cette mort en avril 1874 : Le corps de Livingstone était rapporté en Angleterre et M. Stanley eut l'honneur, le jour des funérailles, de porter l'un des coins du poêle. Il est inutile de parler ici de l'impression produite sur le hardi reporter par la triste fin de celui qui avait été son ami ; elle se devine et M. Stanley ne songea plus qu'à donner sa vie aux grandes explorations et aux découvertes qui resteraient à faire.

Comme il travaillait jour et nuit à acquérir de nouvelles connaissances et à combiner les divers moyens à employer pour arriver à des résultats décisifs, l'offre lui fut faite par le rédacteur en chef du *Daily Télégraph* d'achever l'œuvre de Livingstone. M. Bennett consentit à prendre part à une nouvelle expédition, et son départ fut décidé.

Quelques jours avant, le *Daily Télégraph* annonça l'expédition en ces termes :

« Le but de l'entreprise est de continuer l'œuvre interrompue par la mort du regretté Livingstone, de résoudre s'il est possible, les problèmes que présente la géographie du centre africain, d'explorer les lieux que fréquentent les marchands d'esclaves et de faire connaître ce qui s'y passe. Le Commandant de l'expédition représentera les deux pays, dont le commun intérêt au salut de l'Afrique a été si bien démontré lors de la recherche du grand explorateur anglais par l'énergique correspondant

Entrevue de Livingstone et de Stanley.

américain. Dans cette recherche mémorable, M.
Stanley a déployé les qualités les plus éminentes
du voyageur; et des ressources considérables,
mises à sa disposition, venant se joindre à sa complète expérience des conditions d'un voyage en
Afrique, on peut espérer que cette entreprise aura
de très importants résultats pour la science et pour
la cause de l'humanité et de la civilisation. »

On était déjà loin des invectives qui avaient
accueilli autrefois les premières lettres de M. Stanley; que devenait le *vaste et immoral hunbreg*
(blague) de Sir Henry Rawlinson, président de la
Société royale de géographie de Londres? Et aussi
les discours plus qu'agressifs de M. Kieper de la
société géographique de Berlin? M. Stanley était
désormais un voyageur éminent sur lequel on pouvait compter et qui devait couvrir de gloire son
pays.

M. Stanley dut tout d'abord s'inquiéter des
objets à prendre et des compagnons à choisir. Il
fit construire une *barge* fort ingénieuse qui se
démontait en plusieurs pièces et dont chaque mor-

ceau pouvait être facilement porté séparément : la construction en fut confiée à M. James Messenger, constructeur naval à Teddington, près de Londres.

Quant aux compagnons qu'il devait prendre, il n'avait que l'embarras du choix; car il reçut plus de douze cents lettres! Tous ceux qui écrivaient vantaient leur expérience, leur science, leur énergie, leur connaissance de l'Afrique. « Il m'eût été facile, dit M. Stanley, d'emmener cinq mille Anglais, cinq mille Américains, deux mille Français, deux mille Allemands, cinq cents Italiens, deux cent cinquante Suisses, deux cents Belges, cinquante Espagnols et cinq Grecs. »

Il se contenta d'un nommé Frédéric Barker, jeune homme qu'il avait rencontré à l'hôtel Langham, et qui voulut à toute force faire partie de l'expédition; de Francis et Edouard Pocock, fils d'un pêcheur du comté de Kent.

Le 15 août 1874, M. Stanley quittait l'Angleterre pour la côte occidentale d'Afrique.

i

ZANZIBAR

Le 21 septembre 1874 M. Stanley arrivait à Zanzibar.

L'aspect du rivage est plein de charmes pour
qui vient de visiter les côtes désolées d'Aden et de
Guardefui; la terre est d'une richesse exubérante,
la végétation est luxuriante et le sol est couvert de
vertes plantes grasses.

La ville se montre peu à peu à travers les mâts
des vaisseaux; ce sont de massifs bâtiments carrés,
blanchis à la chaux, bordés du côté de la mer
d'une vaste bande de sable. A l'arrivée du navire,

les Européens se précipitent pour obtenir les nouvelles qu'ils 'attendent; les hommes de couleur se confondent en un mélange pittoresque, bruns, noirs, jaunes, chacun parle sa langue, le *Kissouahili* ou langue de *Souakil* (langue de la côte), l'arabe, l'anglais, le français, l'indien, le persan, etc.

« La vie que mène à Zanzibar celui qui se dispose à explorer l'Afrique est une vie très active. Le temps fuit rapidement et du matin au soir chaque minute doit être employée à l'achat de différents genres d'étoffes, de grains de verre, de fil métallique, objets demandés par les indigènes des pays où l'on veut aller, et qu'il a fallu d'abord choisir.

» De vigoureux portefaix, à demi-nus, arrivent chargés de grandes balles de calicot, de tissus de couleur, rayés, frangés, quadrillés, de mouchoirs et de calottes rouges. Des sacs de perles bleues, rouges, vertes, blanches, jaune d'ambre, petites et grosses, rondes et ovales; des rouleaux de gros fil de laiton, rouleaux sur rouleaux, entrent continuellement. Il faut examiner, assortir, dénombrer, ranger séparément tous ces articles; les faire mettre en sac, en paquet, en ballot, en caisse, suivant leur nature et leur valeur respective. Des tas d'enveloppes, de couvercles, de toile d'emballage, de zinc, de planches brisées, de papiers en lambeaux, de sciure de bois, et d'autres débris couvrent les planchers de la maison. Portefaix, domestiques et maîtres, employés et employeurs, vont et viennent au milieu de cette litière, roulant des balles ou culbutant des caisses. Un déchirement de papier ou d'étoffe, un bruit de marteau, la demande du pot à couleurs pour marquer les paquets, celle du nombre des ballots ou des sacs, demandes faites d'une voix précipitée, des cris, des soupirs, e halètement des poitrines, s'entendent depuis l'aube jusqu'à la nuit. La sueur ruisselle du corps, le mouchoir est sorti précipitamment, passé sur la figure et remis dans la poche; les mains, les bras, les manches de chemises des employés font le même service, avec la même hâte.

» La chaleur a été brûlante, le soleil éclatant; vers le soir, vient la fatigue. On gagne son fauteuil, et la pipe ou le cigare, une tasse de thé, complètent cette journée si remplie. » (1)

Au moment du voyage de M. Stanley, le sultan de Zanzibar était le prince Bargash pour lequel on ne saurait avoir trop d'estime ; c'est un adversaire décidé du commerce d'esclaves, et la chose est étrange venant d'un Arabe élevé dans le mépris de la race noire. C'est un souverain indépendant dont le pouvoir s'étend sur environ cinquante mille kilomètres carrés et plus de cinq cent mille âmes. Le prince, fort bien accueilli à Londres en 1875, changea tout-à-fait d'allures à partir de cette époque et fit dès lors ce qu'il put pour entraver le commerce d'esclaves que Livingstone avait toujours combattu de toutes ses forces ; c'est du reste à l'initiative de ce célèbre philanthrope que l'on doit l'envoi à Zanzibar d'un délégué spécial, sir Bartle-Frère, pour un traité avec ce Prince.

Il est certain que l'influence de Bargash ne saurait se faire sentir activement sur les Arabes de

(1) *Le Continent mystérieux*, trad. de Mme Loreau, p. 27.

l'intérieur, mais il est permis de penser que peu à peu sa politique conciliatrice récoltera un nombre toujours croissant d'adhérents, s'il sait la maintenir avec fermeté et d'une manière conforme à ses promesses.

M. Stanley fait observer que si le girofle, la cannelle, le poivre, l'ivoire, l'écaille, l'orseille, le caoutchouc, le copal et les peaux sont d'un commerce ancien dans cette région, il reste encore beaucoup de produits à exploiter, tels que le cocotier, l'élaïs, la canne à sucre, le riz, le coton et le sorgho. Malheureusement, les moyens de transport sont insuffisants et le tramway, dit-il, est le seul moyen d'assurer à ces contrées riches entre toutes, une exploitation sérieuse.

En arrivant à Zanzibar, l'explorateur se trouve en présence de trois castes bien différentes et sur lesquelles M. Stanley nous donne des détails fort curieux et aussi fort utiles pour les voyageurs à venir : les Arabes, les *Voua-Ngouana* ou esclaves libérés, et les *Vouanyomouési* ou nègres de l'intérieur.

L'Arabe est l'aristocrate de la population Zanzibarite ; il est adroit en affaires, mais son amitié est solide ; il est facile de s'entendre avec les Arabes, à la condition de savoir *manœuvrer* et de ne leur permettre de vous tromper qu'autant que vous le voulez bien. J'imagine que le commerce que peuvent avoir les Européens avec les Arabes ressemble un peu à ce que j'ai dit des Juifs autre part (1) : *il faut savoir en jouer.* A part cela, ils sont sociables, francs, hospitaliers, obligeants.

» Le savoir-vivre d'un gentleman arabe est parfait ; jamais, chez lui, un sujet inconvenant n'est abordé devant le visiteur ; une impertinence est immédiatement réprimée, et l'incivilité n'est pas permise. Il a certainement les vices de son éducation, de sa nature et de sa race ; mais l'excellence traditionnelle de ses manières permet rarement aux étrangers de voir ses défauts. »

Les Voua-Ngnouana sont capables de dévouement et d'affection ; mais il faut les envisager avec toute

(1) *Cent lieues sous la neige.*

liberté de jugement et sans aucun des préjugés que l'on a d'habitude contre la race noire; il faut se rappeler que ces gens sont en retard sur nous de quelques milliers d'années et tenir compte seulement des qualités humaines qu'ils montrent et qu'une civilisation plus avancée ne pourrait que développer. Leur ambition est d'avoir une maison, un jardin, une chèvre et des poulets; une fois ceci acquis, ils se considèrent comme plus heureux que les plus riches Arabes. Mais ils n'aiment pas louer leurs services à ces derniers, qui sont, disent-ils, fiers, durs, exigeants, grossiers et *mauvaises paies*. Ils préfèrent les expéditions commerciales ou autres, où ils sont bien payées, bien nourris et ont moins à faire.

Ce sont les Voua-Ngouana qui ont permis à Burton, Speke, Grant et Livingstone de faire leurs découvertes et la science géographique leur doit beaucoup.

Les Africains de l'intérieur, que l'on ne considère aujourd'hui que comme des *pagazis* ou porteurs, paraissent appelés à jouer un rôle plus important dans l'avenir : Ils sont vigoureux et les maladies ont peu de prise sur eux ; ils sont orgueilleux, et, une fois la glace rompue, ont un dévouement sans bornes pour celui qu'ils ont accepté pour chef.

Les préparatifs étaient faits ; il s'agissait maintenant de choisir les hommes de l'escorte et le choix était difficile parmi une foule innombrable de mendiants, infirmes, boiteux, portefaix surannés qui se présentèrent.

Lorsque M. Stanley, renvoya ses hommes, lors de son premier voyage à la recherche de Livingstone, il écrivait ceci : « Je me trouvai comme isolé ; ces compagnons de route, ces amis noirs qui avaient partagé mes périls, s'éloignaient, me laissant derrière eux. De leurs figures affectueuses, en verrai-je jamais aucune ? »

Ce fut donc surtout ses anciens serviteurs qu'il rechercha ; il en retrouva une trentaine qu'il enrôla immédiatement. C'était sur ceux-là qu'il pouvait compter, d'autant plus qu'il y en avait parmi eux quelques uns qui avaient déjà accompagné Burton, Speke et Grant.

Mais cela ne suffisait pas et il y en avait beaucoup d'autres qui attendaient les ordres de M. Stanley; il prit ce qu'il put, se fiant aux paroles de celui-ci, à la physionomie de celui-là, ce qui ne l'empêcha pas d'être trompé par beaucoup d'entre eux; mais il ne s'en aperçut que plus tard, à son grand détriment.

Frédéric Barker et les frères Pocok sollicitèrent l'autorisation d'avoir, eux aussi, un pavillon britannique, ce que M. Stanley leur accorda de grand cœur ; de nombreuses acquisitions furent faites chez l'un des plus riches négociants de la ville, Tarya Topan, et le 12 novembre, après le Ramadan, le carême des musulmans, on leva les ancres et l'on cingla vers la côte, d'où l'on devait partir pour l'inconnu.

II

PREMIÈRES ÉTAPES JUSQ'AU LAC VICTORIA

Les voyages de M. Stanley sont intéressants, surtout en ce sens que le célèbre explorateur ne se préoccupe pas seulement des avantages qu'il peut trouver dans sa propre expérience, mais songe constamment à en faire profiter les vogageurs à venir; c'est aussi pour ces raisons que nous qui n'écrivons que pour l'instruction des races futures, nous insistons sur ces préliminaires du voyage. Il en sera de même toutes les fois que nous trouverons dans M. Stanley un renseignement qui puisse être utile aux explorateurs de l'avenir.

« Bagamoyo, Vhouinndi et Saadani, villages de

l'est de l'Afrique, offrent des points de départ exceptionnels pour l'exploration de l'intérieur du Continent, dit-il, et voici pourquoi :

1° Le voyageur et les hommes qu'il emmène ne se connaissent pas, et il est nécessaire de s'étudier mutuellement avant de se risquer en pays sauvage.

2° Les habitants de ces bourgades maritimes ont l'habitude de voir leur existence, normalement tranquille, troublée par l'arrivée tumultueuse d'étrangers qui viennent, soit par mer, soit du Continent, trafiquants Arabes se dirigeant vers l'intérieur et longues files d'indigènes venant de l'Ounyamouési.

3° L'expédition qui ne s'est pas complétée à Zanzibar peut, dans ces ports, recruter des volontaires appartenant à des caravanes indigènes et désireux de regagner leurs foyers. Elle trouvera, dispersés sur les routes qui partent d'un village, des Vouanyamouési retournant dans leur province et pourra, s'il est nécessaire, augmenter son effectif ou réparer les pertes qu'elle aura faites.

Ce fut en effet à Bagamoyo que M. Stanley eut une idée de la qualité des gens qu'il avait enrôlés : un certain nombre de personnes de Vouangouana avaient cru devoir traiter la ville en pays conquis, et il fallut les punir avec la dernière rigueur.

Là se trouve la mission des universités sur laquelle le voyageur donne de grands détails auxquels nous ne nous arrêterons pas ; nous prendrons seulement acte de ceci, qui me paraît commun à tous les religieux, désireux de faire des prosélytes, que les prêtres ne comprennent pas assez le peu d'influence de la religion pure sur les sauvages. N'est-il pas vrai que la religion et surtout la morale mènent à une civilisation plus élevée, laquelle entraîne à sa suite une infinité d'avantages matériels ? Ce sont ceux-là qu'il faut d'abord faire comprendre aux noirs.

L'Africain est matérialiste et a l'intuition de la bassesse de sa condition ; il commence toujours par respecter les blancs, *qui savent tout;* il ne demande pas mieux que d'apprendre pour se relever à ses propres yeux ; mais il se décourage bien vite à n'entendre que des lieux communs de morale et de théologie, auxquels il ne comprend rien.

Il faut d'abord que la nouvelle science ait pour lui un résultat matériel immédiat, qu'il y trouve plus de bien-être et qu'il entrevoie dans l'avenir une situation bien supérieure à celle qu'il a aujourd'hui. C'est là ce dont les missionnaires doivent se pénétrer s'ils veulent que les stations qu'ils établiront dans le centre de l'Afrique portent leurs fruits.

Comme il fallait quitter Bagomoyo dont le gouverneur montrait une grande malveillance pour les hommes de la caravane, le 17 novembre on partit accompagné des malédictions de la population indigène. Le moral de la troupe était excellent; mais la chaleur devenant insupportable, il fut bien difficile de faire aller tout le monde jusqu'au bout; deux hommes tombèrent malades, un chien mourut et les trois autres mâtins que l'on avait emmenés ne valaient guère mieux.

A partir de ce moment, jusqu'au grand village

de Mpouapoua, la marche de la caravane n'offre aucun incident bien remarquable, si l'on excepte la rencontre de quelques lions aux environs de Ki-tannghé, et la désertion d'une cinquantaine d'engagés. Quelles que fussent les précautions que prit M. Stanley pour prévenir ou punir ces défections, il était évident que rien ne pourrait faire rentrer dans le devoir les vauriens qui s'étaient glissés dans sa troupe, ni les bons traitements, ni l'argent, ni l'abondance des vivres.

Cette première partie du voyage s'effectuait d'ailleurs dans des régions fertiles où ne manquaient ni l'eau, ni la végétation; on passait les rivières à gué, le gibier abondait, éléphants et zèbres se trouvaient à tout moment au bout des fusils; les habitants, quoique très défiants à cause du voisinage des Vouamassaï, tribus de maraudeurs, ne montraient cependant pas de malveillance à l'égard des voyageurs.

Mais l'ère des souffrances allait commencer : au sortir de Mpouapoua, après avoir traversé un village presque abandonné, Tchounyou, puis le Marennga Mkali et ensuite le bourg de Itoumbi où la caravane dressa son camp, le ciel se couvrit et les averses commencèrent. A Doudoma, vers le 23 décembre, la route, complètement détrempée, devint très fatigante.

« Ma tente, dit Stanley, est nécessairement établie sur une terre détrempée, dont le va-et-vient de mes gens a fait une pâte criblée d'empreintes d'orteils, de talons, de clous de souliers, de pattes de chien. Les parois ont de grandes plaques de boue; les coins pendent, boiteux et flasques; tout cela a un air de désolation qui ajoute à ma misère. Assis sur mon lit, élevé d'un pied au-dessus de la bourbe, je réfléchis mélancoliquement à ma situation. Mes hommes partagent évidemment mes tristes pensées; ils ont la mine des gens fortement inclinés au suicide, ou pour le moins décidés à attendre dans la plus complète inertie que la mort vienne les délivrer de leurs souffrances.

» Il a plu à torrents ces deux derniers jours; tout à l'heure encore l'eau tombait à nappe.

» La pluie rend la marche très pénible ; elle défonce le sentier, le rend glissant, augmente le poids des ballots, gâte l'étoffe. Elle nous atteint, nous décourage. Nous avons froid, nous avons faim.

» Dans leur imprévoyance, les indigènes gardent peu de provisions ; ils consomment leurs récoltes du mois de mai au mois de novembre ; en décembre, époque des semailles, les greniers sont presque vides ; pour avoir une poignée de grains, nous devons la payer dix fois le prix ordinaire. Quant à la viande, elle manque absolument ; moi-même, je n'y ai pas goûté depuis dix jours. Ma nourriture se compose de riz cuit à l'eau, de thé et de café ; et avant peu, j'en serai réduit comme les gens à la bouillie des indigènes.

» Quand je quittai Zanzibar, je pesais 180 livres ; en trente-huit jours, ce régime m'a réduit à cent trente-quatre. Mes jeunes Anglais ne sont pas moins appauvris ; et à moins que nous n'atteignions bientôt une contrée plus florissante que l'Ougogo, ce pays de famine, nous ne serons plus que de véritables squelettes.

» A toutes ces souffrances se joint l'obligation de débattre avec des chefs cupides un tribut dont le chiffre est exorbitant et qu'il faut payer. S'emporter serait dangereux : il faut être prudent ; jugez de la somme d'efforts nécessaire pour rester calme en pareilles circonstances.

» Un autre de mes chiens est mort ; hélas ! ils mourront tous ! »

Les désertions continuaient, il y avait vingt malades, et dans ces conditions, malgré les efforts des frères Pocock et de Barker pour contenir les rebelles prêts à se révolter, les querelles étaient fréquentes et Stanley souffrait continuellement de la fièvre.

Quelques chefs se montrèrent particulièrement durs au sujet du tribut à payer ; à Mouenna cependant, l'accueil fut plus cordial ; les voyageurs reçurent un bœuf gras et des jattes de lait. Le fils du chef, le jeune Kilounou, lança trois fois en l'air ses sandales de peau de vache, et comme chaque fois la chaussure droite était retombée à l'envers, cela disait-il, prouvait clairement que l'entreprise de

5.

Stanley réussirait et qu'il aurait partout le bonheur et la santé.

» La nuit que nous passâmes à Mtéhoui fut épouvantable. Les cataractes du ciel, littéralement semblèrent être ouvertes ; au bout d'une heure, six pouces d'eau couvraient le camp et formaient une rivière se dirigeant vers le sud. Ma tente renfermait un lac bordé de caisses empilées ; mon lit était une île qui, pour peu que cela durât, serait exporté dans le Roufidji. Mes chaussures naviguaient à la recherche d'une issue qui leur permit de rejoindre les sombres flots du dehors ; mes fusils, liés à la perche centrale, avaient la crosse profondément immergée ; et, tableau comique, Bull et Djack, perchés dos à dos sur une caisse où les maintenaient une poussée réciproque, témoignaient par leurs grognements du peu de confort de la situation. »

« Le lendemain une de mes bottes et mon chapeau furent retrouvés flottant dans une direction méridionale. L'harmonium que je destinais à Mtéça, une grande quantité de poudre, de thé, de riz, de sucre, étaient complètement perdus. »

Cette situation n'empêchait pas les intrépides voyageurs de continuer leur route ; les indigènes ne les recevaient qu'avec des démonstrations hostiles, quelques vauriens de la caravane pillaient les greniers, ce qui augmentait le mauvais vouloir des habitants, malgré l'empressement que mettait M. Stanley à punir les coupables ; les maladies augmentaient le nombre des hommes hors de service, et pour comble de peine, Edouard Pocock succomba bientôt à la fièvre typhoïde.

De Tchivouyou à Vinyata, la marche fut encore pénible, et aux difficultés de la route vint se joindre la malice des indigènes. Que de choses il faut savoir pour tenter une expédition dans l'intérieur de l'Afrique ! Toute l'expérience de Stanley ne put le sauver de la ruse d'un magicien qui lui avait amené un bœuf. Tout satisfait qu'il parût de l'accueil de l'étranger et des présents qu'on lui avait fait, ce magicien regardait d'un air de convoitise les cotonnades étalées dans le camp et finit par demander qu'on lui donnât le cœur du bœuf qu'il avait amené.

Or M. Stanley acquiesça à sa demande, ignorant ce que signifiait cette demande si modeste en apparence. Il ne le sut que plus tard, lorsque le chef Mgonngo Temmbo lui apprit qu'il avait fait de la sorte, aux yeux des indigènes, abandon de tout courage, de toute force pour lui et les siens, et donné lieu de croire qu'il serait une proie facile.

Les sauvages se réunirent donc et attaquèrent la caravane; mais après trois combats où M. Stanley perdit vingt-quatre hommes, ils furent repoussés et les voyageurs purent continuer leur course vers l'Orient.

La plaine du Louhouammbéri les récompensa de tout ce qu'ils avaient enduré jusque-là : les indigènes les reçurent à merveille, le gibier était abondant, et enfin, pour comble de bonheur, on aperçut des hauteurs le lac Nyannza-Victoria!

C'était le premier but du voyage atteint. Aussi

quelle joie éclata parmi les Vouanyamouési, qui entonnèrent le chant de triomphe que je transcris tout entier ici :

Chantez, amis, chantez; le voyage est terminé.
Chantez fort, amis; chantez le grand Nyannza.
Chantez fort, chantez tous, amis; chantez la grande mer;
Donnez un dernier regard aux contrées derrière vous, et tournez-
    vous vers la mer.

Il y a longtemps que vous avez quitté votre pays,
Quitté vos femmes, vos enfants, vos fréres, vos amis;
Dites-moi : avez-vous rencontré une mer comme celle-ci,
Depuis que vous avez quitté la grande eau salée ?

CHŒUR :

    Chantez, amis, chantez; le voyage est terminé.
    Chantez fort, amis; chantez cette grande mer.

Cette mer est douce, son eau est bonne et rafraîchissante;
Votre mer est salée; son eau est mauvaise et impossible à boire.
Pour les hommes altérés, cette mer est comme du vin;
La mer salée ! — Elle fait mal au cœur.

Hommes, levez la tête et regardez autour de vous;
Regardez cette mer; essayez d'en voir la fin.
Voyez : elle s'étend pendant beaucoup de lunes,
Cette grande mer, à l'eau douce et agréable.

Nous arrivons de la terre d'Oussoukouma,
La terre des pâturages, des bœufs, des moutons et des chèvres.

La terre des braves, des guerriers et des hommes forts ;
Et voici la mer connue au loin, la mer d'Oussoukouma.

Vous, amis, vous nous traitiez avec dédain.
Ah ! ah ! Voua-Ngouana, que dites-vous aujourd'hui ?
Vous avez vu la terre, et les troupeaux d'Oussoukouma ;
Vous voyez maintenant la mer connue au loin.

Le pays de Kadouma est juste à nos pieds ;
Kadouma est riche en bœufs, en moutons et en chèvres ;
Le Msoungou (1) est riche en étoffes et en perles ;
Sa main est ouverte et son cœur est généreux.

Demain le Msoungou nous rendra notre vigueur
Avec de la viande et de la bière, avec du vin et du grain.
Nous danserons et nous jouerons tout le long du jour ;
Nous mangerons et nous boirons, nous danserons et nous nous
    amuserons.

(1) L'homme blanc.

III

SUR LE LAC — LE GRAND MTÉÇA

M. Stanley voulait faire la curieuse navigation du lac Nyannza. Ce qu'on lui rapporta de contes à dormir debout est incroyable : il fallait quatre ans pour faire le tour du lac, et au bout de ce temps pas un de ceux qui seraient partis n'existerait. Il y avait sur ses rives des hommes ornés d'une petite queue, d'autres qui ne vivaient que de chair humaine ; certains d'entre eux avaient d'énormes chiens d'une extrême férocité ; en un mot, la terreur qu'inspirait cette nappe d'eau était telle que personne n'osait l'accompagner.

Il y avait bien le prince Kadouma qui, à jeun,

était un homme rempli d'intelligence, nourrissant une foule de projets d'explorations qu'il ne mettait jamais à exécution; car ces éclaircies étaient de courte durée; le prince avait un penchant décidé pour le pommbé, sorte de bière indigène, qu'il buvait dans une coupe de la capacité d'un litre, et, le conseil terminé, il se trouvait complètement ivre.

M. Stanley faisait inutilement appel à tous les hommes de son escorte, pas un n'osait s'aventurer sur les eaux du terrible lac, et il lui fallut ORDONNER pour trouver enfin parmi les guides choisis à Bagamoyo, les seuls qui connussent la manœuvre d'un bateau, les dix matelots et le timonier qui lui étaient nécessaires.

Il partit donc le 8 mars 1875, laissant derrière lui Frank Pocock et Frédéric Barker, maîtres du reste de la caravane.

Le commencement de la traversée fut triste; les rameurs semblaient aller à une mort certaine; la rencontre d'un guide sûr leur donna un peu d'es-

pérance; mais aussi les rochers que l'on rencontrait
à chaque instant, et les coups de vent devant lesquels le bateau, *Lady-Alice*, filait d'une vertigineuse rapidité, n'étaient pas faits pour relever les
courages.

Ces parages sont peuplés de crocodiles et d'hippopotames, dangereux visiteurs, contre lesquels
une semblable flotille eût été incapable de lutter.

On parvint néanmoins sans encombre à l'île de
Speke, nommée par cet explorateur l'île d'Oukéréhoué; à la vérité, cette île est reliée par un petit
isthme à la terre ferme; mais un mince canal peu
profond et de six pieds de large seulement, justifie
suffisamment le nom d'île, que Speke lui a donné.

La terreur qu'inspirait les eaux du Nyannza est
d'ailleurs justifiée par l'ignorance des riverains; ils
sont loin de posséder les engins dont peuvent dis-
poser les Européens, et ceux-ci pourtant n'ont dû
souvent leurs insuccès qu'à l'insuffisance de leurs
moyens de transport ou de locomotion ! Il est facile
de juger par là des victimes nombreuses qu'a pu

faire cette immense nappe d'eau parmi des pêcheurs sans aucune notion sur la navigation. M. Stanley a des rameurs; les riverains rient aux éclats en voyant qu'ils ne se servent pas de pagaies; il monte la voile, tous s'enfuient épouvantés!

Les côtes du lac sont hérissées d'îles et aussi d'habitants fort peu sociables, dont l'idiome diffère complètement de celui des peuplades du sud du Nyannza; le Lady-Alyce étant trop peu disposé à lutter contre les flèches, les lances des indigènes et les hippopotames de la côte, M. Stanley crut prudent de se mettre toujours autant que possible hors de leur portée, et bien lui en prit.

Ce système est d'autant plus sage que l'on est exposé à de singulières surprises : une fois, le bateau passa tout à coup sur l'échine d'un hippopotame, lequel se mit à le secouer de telle sorte que les passagers le croyaient bientôt mis en pièces.

Le caractère des peuplades riveraines est souvent aussi la jactance; ils commencent par faire

Marche à travers l'Ogôoué.

des démonstrations, préparent leurs boucliers, brandissent leurs lances, et leur audace croît en raison directe de l'aménité qu'on affecte à leur égard; mais vienne le moment décisif où leur familiarité commence à dépasser les bornes, il suffit d'un coup de feu pour leur inspirer une grande terreur; enfants terribles que la civilisation européenne rendrait facilement sociables. Pourtant, il ne faudrait pas trop s'y fier; rien n'est versatile comme le caractère de ces peuplades riveraines du Nyannza : les uns sont agressifs et refusent tout trafic, préférant voler ce qu'ils croient facile à prendre; les autres se font humbles, commece colonel de Oukafou qui, avec la plus grande politesse, n'arrive à donner aux voyageurs que des promesses sans résultat.

« Etais-je bien dans l'Afrique centrale? Je me le demandais, dit M. Stanley. Où trouver des gens plus experts dans l'art de tromper avec grâce? Il y avait deux jours à peine, nous étions dans un pays sauvage où tous les bras se levaient contre nous. Aujourd'hui, dans le pays voisin, nous rencontrions des gens aimables, remplis d'admiration pour les étrangers, mais aussi inhospitaliers que le serait un hôtelier de New-York ou de Londres pour un voyageur sans argent ! »

Mais le monarque Kabaka devait bientôt récompenser les voyageurs de toutes leurs fatigues ; la réception fut des plus cordiales ; les vivres, donnés en abondance, réparèrent les forces épuisées, et l'on était déjà en vue de la baie de Murchison, ce qui pour M. Stanley était le résultat le plus important du voyage.

Ce Kabaka était le premier potentat du centre de l'Afrique, et l'accueil qu'il fit à M. Stanley était dû surtout à un rêve qu'avait fait la mère du souverain ; elle avait vu en songe un homme blanc qui s'avançait et dont la venue devait être une source de prospérités pour le pays.

Ce puissant souverain, nommé Mtéça, était bien un monarque extraordinaire. Laissons M. Stanley raconter lui-même la réception royale qui lui fut faite :

« Après notre voyage solitaire au fond des baies

et des entrées de la côte si découpée du grand lac, cette escorte de cinq canots superbes, qui nous menait vers le plus puissant monarque de l'Afrique équatoriale, constituait une situation toute nouvelle, promettant des scènes imprévues, des réceptions d'une pompe extraordinaire.

» Environ deux milles nous séparaient encore d'Oussavara, lorsque nous vîmes une foule considérable, plusieurs milliers d'individus, se ranger en bon ordre sur un terrain en pente douce.

» A un mille de la côte, Magassa commanda de les avertir de notre arrivée par une décharge de mousqueterie. Nous avançâmes ; je vis la hauteur couverte de monde : sur la rive, deux haies épaisses composées d'hommes vêtus comme les Vouangouana ; et, dans le fond, entre ces deux lignes, quelques personnages habillés de rouge, de blanc et de noir.

» Quand nous fûmes près de la grève, deux ou trois cents fusils, fortement chargés, annoncèrent que l'homme blanc, vu en songe par la mère du Kabaka, allait aborder. De nombreux tambours, des timballes, des grosses caisses, battirent la bienvenue ; des drapeaux, des banderolles s'agitèrent, et la foule nous salua de ses acclamations.

» Très étonné de cette pompe, je me dirigeai vers le grand étendart qui était à côté d'un homme jeune, de petite taille, portant sur sa robe blanche une sorte de tunique rouge, et que Magassa, respectueusement agenouillé devant lui, me dit être le *katékiro*. Sans savoir la signification de ce titre, je fis un salut qui, à ma grande surprise, fut imité par le personnage, dont le *salam* eut toutefois plus de profondeur et de dignité que le mien. J'étais confus de cette réception royale ; mais je parvins à dissimuler mon embarras.

» Une douzaine de gens très bien mis s'approchèrent, et, me tenant la main, me dirent en kissouakili, que j'étais le bienvenu dans l'Ouganada.

» Le katékiro fit un signe de tête, les tambours battirent ; et au bruit de leurs roulements, au bruit des voix, suivi par des milliers de curieux, il me conduisit dans une sorte de cour, cercle de huttes

couvertes en chaume, et entourant une grande case ;
c'était là que je devais loger avec mes hommes. »

Après une foule de questions faites à l'homme
blanc, sur sa santé, son voyage, sur Zanzibar,
l'Europe et ses habitants ; sur la mer, le ciel, le
soleil, la lune, les étoiles, les anges et les démons,
les médecins, les prêtres, les gens de tout métier,
il fut décidé que l'homme blanc était un génie,
versé dans toutes les connaissances humaines, et
d'une politesse et d'une sociabilité remarquables...
« Sur quoi, paraît-il, l'empereur se frotta les
mains, comme s'il venait d'être mis en possession
d'un trésor. »

Le résultat de cet examen fut un envoi considérable de vivres : quatorze bœufs gras, huit chèvres, huit moutons, cent régimes de bananes, trois
douzaines de volailles, quatre jarres de lait, quatre
corbeilles de patates, cinquante épis de maïs vert,
un panier de riz, vingt œufs frais, dix cruches de
vin de banane.

« Le kabaka, disait l'intendant du palais, envoie

ses salams à l'homme blanc, venu de si loin pour le visiter. Il ne peut voir le visage de son ami avant que celui-ci n'ait mangé et ne soit satisfait ; c'est pourquoi il envoie son esclave présenter à son ami ce peu de choses. A la neuvième heure du jour, quand l'homme blanc sera reposé, le *kabaka* l'enverra prendre pour le recevoir au *bourzàh* (lieu de réception)..... »

..... « A l'heure dite, arrivèrent deux pages, vêtus d'un costume *semi-ki-ngouana, semi-ki-gannda*, c'est-à-dire portant la longue robe blanche de Zanzibar, serrée autour des reins par une ceinture, et le manteau national qui, attaché sur l'épaule droite, tombe jusqu'aux pieds, manteau qui, pour eux, était formé de deux brasses de Sohari.

— « Le *Kabaka*, dit l'un des pages, vous invite à venir au *bsuyah.* »

» Je sortis de chez moi, ayant à ma droite et à ma gauche cinq de mes gens, armés de *sniders*. Nous gagnâmes une rue large et courte ; cette rue nous conduisit à une case ou l'Empereur était assis, entouré d'une multitude de *Vouakoungou* et de *Voualoungolch*, dignitaires dont le rang équivaut à celui de général et de colonel, tous agenouillés ou assis de chaque côté du trône, en deux files parallèles, terminées par les gardes du corps, les bourreaux, les pages, etc.

« A notre approche, le groupe le plus voisin s'écarta, et nous fûmes accueillis par une batterie de tambours, où dominaient les roulements plus nets et plus vifs de l'habile Tori.

« Le premier potentat de l'Afrique équatoriale se leva, et, en même temps que lui, toute la cour : Vouakoungou, Vouatonngaleh, chefs de districts, cuisiniers, échansons, pages, exécuteurs des hautes œuvres, etc.

» Le Kabaka était coiffé d'un tarbouche et portait, sur la robe blanche de rigueur, une sorte de robe noire retenue à la taille par un ceinturon doré. Il me serra la main chaleureusement; puis s'inclinant avec grâce, il m'invita à m'asseoir sur un tabouret de fer. J'attendis qu'il me donna l'e-

xemple, il reprit son siége, et toute la cour s'assit
en même temps que moi.

» Mtéça attacha sur ma personne un regard que
je lui rendis avec le même intérêt; car il n'était
pas moins curieux pour moi que je ne devais l'être
pour lui. Son impression telle que je la lui enten-
dis confier à son entourage, fut que j'étais plus
jeune que Speke, moins grand et mieux vêtu.
Quant à moi je pensais que je pourrais faire plus
ample connaissance, le convertir et le rendre utile
à l'Afrique. »

Stanley, à propos de Mtéça, rapporte les espérances que Livingstone avait fondées autrefois sur
le sympâthique monarque et sur lesquels nous nous
sommes étendus autre part. Cet empereur paraît
avoir une puissante influence sur ses voisins; il y
a parmi les soldats de ce potentat autant d'ordre
et de discipline que peut en obtenir le souverain
d'un peuple à demi-civilisé.

» Mtéça, continue Stanley, est de grande taille;
il doit avoir six pieds un pouce; il est svelte, a

la peau d'un brun rouge et d'une finesse merveil-
leuse. Sa figure respire l'intelligence! les traits,
qui sont agréables, m'ont rappelé ceux des colos-
ses de Thèbes et des statues que l'on voit au Caire.
C'est la même plénitude de lèvre, mais relevée par
l'expression du visage, à la fois affable et digne,
et par l'étrange beauté de grands yeux étincelants
et doux, caractère de la race dont je le crois issu.
En sortant du Conseil, il se défait immédiatement
de la majesté qu'il porte sur le trône, lâche la
bride à son humeur joyeuse et rit de tout son cœur.

» Le récit des merveilles de la civilisation le
passionne. Quand une une chose lui est dite à ce
sujet, il la traduit immédiatement à ses femmes et
à ses chefs, bien que la plupart de ces derniers
comprennent la langue de la côte (*souahil*) aussi
bien que lui. Son ambition est d'imiter autant que
possible les costumes des hommes blancs (1). »

La magnificence de réception de Mtéça, la situation de son palais en face de la plus délicieuse vue

(1) Le Continent mystérieux.

que l'on puisse imaginer, l'intelligence étonnante
de ce sauvage, l'intérêt qu'il prenait à toutes les
inventions européennes et l'attention qu'il prêtait
aux leçons de morale chrétienne que lui enseignait
Stanley, étaient d'un attrait suffisant pour retenir
notre voyageur quelque temps dans cette Capoue
africaine, n'était l'inquiétude qu'il éprouvait au
sujet de ceux qu'il avait laissé à Kaghéyi. Une
rencontre fortuite vint encore doubler les charmes
de cette résidence : un blanc venait à son tour visiter le grand Mtéça.

Un blanc ! Il faudrait n'avoir jamais voyagé pour
ne pas comprendre toute l'émotion qu'une semblable nouvelle peut causer à l'explorateur au milieu
de ces déserts.

Ce blanc était M. Linant de Bellefonds, mem-
bre de l'expédition de Gordon Pacha. Ce français
(car c'en était un) avait pris Stanley pour Caméron ; la connaissance fut bientôt faite et, après avoir
passé des heures charmantes avec ce compatriote
européen, notre héros songea à quitter l'Ougonnda.
Il fallait se séparer !

« A cinq heures du matin, rapporte M. Linant, les tambours battent; les bateaux qui accompagnent M. Stanley se réunissent.

» Nous sommes bientôt prêts, Stanley et moi. Le *Lady-Alice* est mis à flot; les bagages, les moutons, les chèvres, les volailles, sont embarqués. Il n'y a plus rien à faire qu'à hisser le drapeau américain et à mettre le cap au Sud. J'accompagne Stanley jusqu'à son bateau, nous nous serrons les mains, en nous recommandant mutuellement à Dieu. Stanley prend le gouvernail ; le *Lady-Alice* fait un écart, ainsi qu'un cheval ardent, puis s'élance et fait écumer l'eau du Nyannza. Le drapeau étoilé se déploie et flotte avec fierté ; je lui envoie une salve bruyante ; jamais peut-être il n'a été salué de si bon cœur.

» Le *Lady-Alice* est déjà loin. Nous agitons nos mouchoirs pour un dernier adieu. Mon cœur est gros, j'ai perdu un frère. Je m'étais habitué à voir Stanley, homme franc et simple, homme excellent, admirable voyageur. Avec lui, j'oubliais mes fatigues; depuis quatre mois, je n'avais pas dit un mot de français, sa rencontre me semblait un retour au pays natal. Sa conversation attrayante, instructive, faisait passer les minutes. J'espère le revoir et avoir le bonheur de passer encore plusieurs jours avec lui. »

Vains souhaits! M. Linant fut massacré au mois d'août par les Baris!

Le jeune Magasa, qui devait amener des canots, ne remplit pas ses promesses, et M. Stanley se trouva de nouveau seul sur le *Lady-Alice*. On était ainsi à la baie de Murchison, c'est-à-dire à la partie nord du lac Victoria-Nyannza. Cette partie de la côte est hérissée de montagnes et n'offre qu'un cours d'eau d'une certaine importance, auquel M. Stanley donna le nom de Nil Alexandra; il a jusqu'à 35 pieds de profondeur.

A Makonngo, sur le littoral de l'Oussonngora, les explorateurs coururent un terrible danger auquel ils n'échappèrent qu'en jetant à l'eau par surprise le *Lady-Alice*; pendant vingt-cinq heures, privés de leurs rames qu'on leur avait volées, ils durent pagayer avec des planches sans avoir rien à manger.

Enfin, on parvint à la pointe septentrionale du golfe de Speke, et quelques heures après au camp. La caravane accueillit les intrépides voyageurs avec des cris de joie, mais Frédéric Barker était mort de la dyssenterie, et aussi Mabrouki, le serviteur de Speke, celui que Burton avait surnommé *tête de taureau*, l'un des membres de l'expéditon de Speke et Burton au Tanganyika, de celle de Speke et Grant au Victoria, de celle de Stanley en 1871, un de ceux qui avaient accompagné Livingstone à son dernier voyage!

Comme le jeune Magassa ne se montrait pas et qu'il y avait toutes les raisons possibles pour ne pas attendre son arrivée, vu sa fourberie bien connue, M. Stanley songea à prendre la voie de terre, car il avait promis de visiter le lac Albert et il tenait avant tout à retourner dans l'Ougannda. Mais cette voie était des plus périlleuses; les peuplades voisines s'étaient fait de l'homme blanc une image ridicule et s'apprêtaient à le recevoir fort mal.

M. Stanley résolut dès lors de s'adresser au souverain de l'île Oukéréhoué, Loukonngheh, et de lui demander des canots ; il fut obligé d'aller les demander lui-même et capta les bonnes grâces du roi par les plus riches présents. En retour, celui-ci lui demanda les secrets des Européens, à savoir le moyen de faire la pluie et le beau temps, de changer un homme en lion ou en léopard, de calmer ou faire souffler le vent, etc. M. Stanley lui répondit qu'il n'avait aucun de ses moyens à sa disposition, refus que le roi attribua à la crainte de ne pas obtenir de canots.

« La façon dont le roi est salué dans l'Oukéréhoué, dit Stanley, est très curieuse et diffère de tout ce que j'avais vu jusqu'alors. En l'apercevant, ses sujets viennent à lui, l'approchent de très près, battent des mains et s'agenouillent. Si le roi est content de leur présence, il le manifeste en soufflant et en leur crachant dans les mains, qu'ils affectent de se passer ensuite sur la figure et sur les yeux. Ils semblent croire que la salive royale est un collyre parfait. »

Arrivés de nouveau à *l'île du refuge* (ainsi

baptisée par Stanley en mémoire de l'abri qu'il y avait trouvé contre les attaques des indigènes de Bammbireh), après avoir manqué de perdre une partie de la caravane dans le lac par suite de l'insuffisance des canots, les explorateurs firent tous leurs efforts pour obtenir l'alliance et des vivres des gens d'Iroba; tout fut inutile, et malgré tous les efforts de conciliation, un combat fut inévitable. Heureusement cette démonstration énergique, appuyée par l'arrivée des envoyés de Mtéça qui avait appris la mort de Stanley par le fourbe Magassa, suffit à changer les dispositions de ces peuplades hostiles, et la troupe parvint sans encombres dans l'Ougannda.

IV

MTÉÇA ET L'OUOANNDA

Mtéça préparait à ce moment une expédilon guer·
rière contre les Vouavouma ; M. Stanley désirait
éviter ce conflit, parce qu'il savait de quelles cruau·
tés sont suivies les victoires et il voulait à tout
prix ne pas avoir à intervenir. Néanmoins, comme
on lui fit justement remarquer que les passages
seraient rendus impossibles par l'état de guerre
des peuplades voisines, il dut songer à mettre le
Lady-Alice en sùreté et se résigner à attendre les
évènements.

On avait du reste recouvré les rames volées au-
paravant par Magassa et à la première occasion

favorable le bateau pouvait être mis à flot dans les meilleures conditions.

M. Stanley avait déjà fait une découverte importante, à savoir que le Victoria n'a qu'un déversoir, celui des *Chutes Ripon*. Comme il était impossible d'atteindre le lac Albert avant la fin de la guerre, il ne fut plus question que d'assister, sans y prendre aucune part, aux opérations stratégiques du grand potentat de l'Afrique équatoriale.

Mtéça, en comptant les femmes et les enfants qui faisaient partie de l'armée, mettait en ligne 250000 hommes ; malheureusement cette énorme armée avait peur de l'eau et les Vouavouma au contraire étaient un peuple maritime fort aguerri aux combats sur le lac et avec cela d'une bravoure et d'une audace à toute épreuve. A première vue, il était facile de voir de quel côté serait l'avantage.

Le prince, autrefois cruel et débauché, corrigé déjà par les doctrines du Mahométisme, endoctriné par M. Stanley dans le sens chrétien, penchait de plus en plus vers la douceur et la conciliation.

Les Vouavouma ne songeaient qu'à se défendre et à abuser de la victoire.

Les premières escarmouches furent malheureuses pour Mtéça; ses guerriers s'étaient laissés envelopper et emmener en captivité. M. Stanley leur donna le conseil de faire un pont de cailloux que les bras de quarante mille hommes rendaient facile à former : malheureusement, si Mtéça montrait un esprit docile et confiant dans les lumières des Européens, il n'en est pas de même de ses serviteurs, qui méprisaient les avis de l'homme blanc et ne voulaient en faire qu'à leur tête; c'est ainsi que les cailloux, jetés sur une surface trois ou quatre fois trop large, ne parvinrent pas à former une voie praticable, malgré les avis réitérés de Stanley.

Mtéça continuait toujours à s'instruire et à profiter des leçons de morale de M. Stanley, et nous rapporterons à ce propos les paroles très remarquables de ce noir potentat que bien des chrétiens voudraient avoir prononcées :

« Prenons ce qui vaut le mieux, disait le premier ministre; mais qu'est-ce qui vaut le mieux? Nous ne le savons pas. Les Arabes assurent que leur livre est le meilleur; les hommes blancs disent de même pour l'autre. Comment pouvons-nous savoir ceux qui disent la vérité?

— » Kaouta a bien parlé, dit l'Empereur en souriant; si je lui ai appris à devenir musulman, c'est parce que je croyais que c'était bon. On nous dit : prenons ce qui vaut le mieux; c'est là ce que je désire; je demande le vrai livre. Mais comment saurons-nous quel est le vrai livre? Je vais lui répondre. Ecoutez-moi. — Les Arabes et les blancs, n'est-il pas vrai, agissent conformément à ce que leur enseignent leurs livres? Les Arabes viennent ici pour de l'ivoire et des esclaves, et nous avons vu qu'ils ne disent pas toujours la vérité; ils achètent des hommes de leur propre couleur, ils les maltraitent, les chargent de chaînes et les battent. Les blancs, quand on leur offre des esclaves, les refusent toujours en disant : « Avons-nous le droit de faire des esclaves de nos frères? Non, nous sommes tous les fils de Dieu. » Je n'ai pas encore entendu un blanc dire un mensonge. Speke est arrivé dans l'Ougonnda, il s'y est bien conduit et s'en est allé avec son frère Grant. Ils n'ont pas acheté d'esclaves, et ont été bons, très bons, pendant tout leur séjour. Stammlé (Stanley) est venu et il ne veut pas un seul esclave. Abdoul Aziz Bey (M. Linant de Bellefonds) est venu également, et il est parti sans emmener d'esclaves. Quel arabe aurait agi comme ces hommes blancs? Bien que nous fassions le commerce d'esclaves, ce n'est pas un motif pour dire qu'il est bon; et quand je pense que les Arabes et les blancs agissent comme ils ont été enseignés, je dis que les blancs sont de beaucoup supérieurs aux Arabes, et je pense que leur livre vaut mieux que celui de Mahomet. Dans tout ce qui m'a été lu par Stammlé, je ne trouve rien de difficile à croire. Accepterons-nous pour guide ce livre ou celui de Mahomet (1)? »

C'est ainsi que Mtéça abjura l'Islanisme et promit de faire tous ses efforts pour répandre les sentiments chrétiens parmi son peuple.

Mais les préparatifs de guerre continuaient et

(1) *Le Continent mystérieux*, Stanley.

finalement les Vouagonnda furent défaits. Mtéça écumait de colère et voulut passer sa rage sur un vieux prisonnier qu'on avait déjà attaché à un arbre en attendant qu'il fût résolu à quel genre de supplice on le réserverait.

M. Stanley eut toutes les peines du monde à détourner Mtéca de ses idées de vengeance; mais à la fin il y parvint en lui promettant de trouver le moyen d'obtenir l'amitié des Vouavouma et la fin de la guerre.

La promesse était faite, mais l'exécution en était embarrassante. Voici ce dont s'avisa M. Stanley : il fit construire un fortin, impénétrable à la lance, sur trois canots placés parallèlement et reliés entre eux par de fortes poutres. Cela fournit une estacade oblongue de 70 pieds de long sur 24 de large.

Les indigènes ne pouvaient croire que cette machine pût se soutenir sur l'eau : elle fut lancée et s'avança majestueusement vers les Vouavouma stupéfaits. Jamais aucun bâtiment de cette taille n'avait navigué sur le Nyannza.

Le fortin renfermait 214 personnes chargées de le diriger sans qu'on pût en rien voir de l'extérieur. A quelque distance du rivage une voix terrible s'éleva de l'intérieur de la machine et cria aux Vouavouma qu'il lfallait en finir vite, accorder le pardon à tous, se soumettre à Mtéça sous la *menace* de faire sauter l'ile. Le merveilleux a une influence considérable sur ces esprits primitifs ; le bruit courut que la machine mystérieuse était pleine de talismans et d'esprits. L'effet fut immédiat ; la guerre était terminée sans plus d'effusion de sang.

Nous finirons cette seconde partie par quelques considérations fort intéressantes sur l'Ougannda, que nous empruntons à M. Stanlay :

LE PAYSAN OU KOPI. — « N'était une seule chose, on pourrait dire que le paysan de l'Ougannda réalise l'idéal de bonheur auquel aspirent tous les hommes. Pour vous le représenter, écartez d'abord de votre esprit l'image du nègre sale, ivre et stupide, entouré de femmes et d'une nichée d'enfants. Peut-être direz-vous qu'il est indolent, mais pas au point de négliger ses intérêts. Ses jardins sont bien tenus, ses champs couverts de grain. Sa maison est neuve et n'a pas besoin de réparation ; ses cours sont soignées, ses palissades en bon état. Levez le rideau, regardez-le avec ce qui l'environne.

» Il sort de sa case. C'est un homme d'un brun foncé, dans toute la vigueur de la jeunesse ; il est proprement vêtu, selon la coutume du pays, d'un manteau brun d'étoffe d'écorce, noué sur l'épaule et qui tombe jusqu'aux pieds. Cet homme a l'air content, mieux que cela, extrêmement heureux ; car un rayon de soleil étant venu l'éclairer, nous l'avons mieux vu, et son visage exprime la satsfaction la plus complète.

» Tout en arrangeant son manteau avec le soin qu'exige la décence, il gagne son siège habituel, qui est près de la porte de la cour extérieure, à l'ombre d'un énorme bananier dont les feuilles couvrent un large espace. Devant lui, au premier plan, s'étend son jardin qu'il regarde avec satisfaction. Dans les plates-bandes, qui séparent les allées curvilignes, il y a des patates, des ignames, des petits pois, des fèves, des *voandzéias*, des tomates, des haricots d'espèces diverses, les uns rampant sur le sol, les autres ayant des rames. Une ceinture de caféiers, de ricins, de manioc et de tabac, entoure ce jardin plantureux ; de chaque côté, sont de petits champs de millet, de sésame et de canne à sucre.

» Derrière la maison et les cours, qu'ils enveloppent, se trouvent des champs plus étendus et de grandes plantations de bananiers de différentes sortes : bananiers du paradis et bananiers des sages. Ces champs et ces plantations fournissent au Mgannda sa principale nourriture, et lui donnent les fruits et le grain dont il tire son vin et sa bière. Parmi les bananiers, s'élèvent de grands figuiers à large cime, dont l'écorce sert à fabriquer les vêtements. Au-delà des plantations, est une prairie commune où les vaches et les chèvres paissent avec celles du voisin.

» Notre homme paraît aimer l'isolement, car il a entouré sa demeure et les huttes de sa famille, de cours fermées par de hautes et solides palissades ne laissant apercevoir que le sommet des toitures... Laissons le propriétaire contempler son jardin; entrons, et jugeons par nous-mêmes de sa manière de vivre.

» Dans la première cour, nous trouvons une petite hutte carrée consacrée au *mouzimou* de la famille, au génie de la maison. A en juger par les offrandes qui lui sont faites, ce génie domestique n'est d'humeur ni exigeante, ni cupide; car les moindres choses, des coquilles de limaçons, des boules d'argile, des brins de genévriers, une corne de bubale à pointe ferrée, et fichée en terre, suffisent à le rendre propice.

» De cette première cour nous passons dans une autre, par une entrée latérale, et nous sommes en face d'une grande hutte conique soigneusement bâtie, dont la porte cintrée, garnie d'un toron de canne, est coiffée d'une projection de la toiture.

» Cette hutte, qui est d'une ample circonférence, a néanmoins quelque chose d'intime. Nous entrons : l'obscurité nous empêche de rien voir. Peu

Livingstone.

à peu, cependant, l'œil s'habitue à l'ombre et nous

commençons à distinguer les objets. Ce qui arrête d'abord notre attention, c'est la multitude de piliers qui supportent le toit, piliers si nombreux, que l'on dirait un antre en pleine forêt. Ces colonnes toutefois ont l'avantage de guider le propriétaire vers son lit de canne, tandis que par leur nombre elles égareraient l'étranger ou le maraudeur nocturne. Il est de fait que ces rangées de perches constituent des avenues au moyen desquelles les gens de la maison peuvent se diriger vers tel point ou tel objet.

» La hutte est divisée en deux chambres, une devant, l'autre derrière, par une cloison faite en canne et fendue au milieu, de telle façon que le maître du logis, sans être aperçu lui-même, puisse voir toute personne qui arrive.

» Dans la pièce du fond, des couchettes sont rangées le long du mur pour l'usage du propriétaire et de sa famille.

» Dans la chambre d'entrée, au-dessus de la porte, se voient des talismans; c'est à leur soin et à leur puissance que le paysan confie la garde de sa maison et de ce qu'elle renferme.

» Les meubles sont rares; les ustensiles peu nombreux et de pauvre qualité.

» Sous le premier titre, on peut classer une couple de tabourets, faits d'un seul morceau taillé dans un bloc de bois, et une sorte de tric-trac indigène.

» Le ménage se compose d'une demi-douzaine de pots de terre et de bassins faits avec des tigelles flexibles ou avec de l'herbe. Quelques lances, un bouclier, un couple de houes, des bâtons à grosse pomme, de l'écorce d'étoffe, des tuyaux de pipe et une auge servant à la fabrication du vin de banane, complètent l'inventaire du mobilier.

» Derrière la demeure personnelle du maître, s'élèvent deux cases de moindres dimensions, également entourées de cours où l'on peut voir au travail les femmes du kopi. Les unes pétrissent des bananes pour en extraire le jus, qui, après fermentation, est appelé *marammba*, sorte de vin d'une saveur délicieuse quand il est bien fait; d'autres épluchent des herbes pour la cuisine ou en assortissent pour composer des drogues ou quelque charme puissant; d'autres encore font sécher des feuilles de tabac; tandis que les plus âgées fument dans des pipes à long tuyau et entre les bouffées, lentement aspirées, racontent les épisodes de leur existence.

» Tel est le paysan de l'Ougannda, chez lui. » (1)

Les Vouaganndas sont très intelligents et très rusés; ce sont de beaux hommes, grands et minces; ils sont plus décents qu'aucun autre peuple de l'Afrique, et ont la complète nudité en horreur. Très adroits dans le maniement des lances, ils construisent aussi de fort beaux boucliers et ont les plus belles barques du continent. Ils ont la vue excellente et voient de très loin, et l'ouïe est d'une extrême finesse.

Les Vouaganndas savent exploiter à leur profit

(1) Stanley, le Continent mystérieux.

les moindres végétaux. Ils font cuire les fruits du bananier ou en font le marammba ; ils couvrent les cases, font des clôtures, des couvercles, des nappes, du papier d'emballage avec les frondes de l'arbre ; les tiges servent à faire des palissades ; le cœur du tronc fait une éponge ; les fibres de la tige fournissent de la ficelle et même des chapeaux tressés.

TROISIÈME PARTIE

LE TANGANIKA

I

LE MOUTA-NZIGHI

Le retour de Mtéçà, dans sa capitale, ne fut pas des plus brillants; la défaite qu'il venait d'essuyer avait un peu refroidi l'enthousiasme de son peuple, et la crainte seule entretenait le respect qu'on avait pour lui.

M. Stanley désirait aller visiter le Mouta-Nzighé, grand lac à peu près inconnu à l'ouest du Victoria; mais comme il fallait traverser des régions hostiles, il devait demander à Mtéçà une escorte suffisante

pour arriver au but sans avoir à craindre les agres-
sions des indigènes. Il est à remarquer que Speke
et Grant avaient eu autant de difficultés à obtenir les moyens de faire la circumnavigation du Victoria, à laquelle ils avaient dû renoncer. Stanley,
cependant, y était parvenu, et rien ne l'empêchait
de croire qu'il arriverait aussi facilement à voir le
Mouta-Nzighé ; il devait être cruellement déçu dans
son espoir.

Mtéçà lui permit de choisir parmi les chefs
celui qui lui plairait le plus pour diriger la caravane : Stanley choisit Sambouzy, qui s'était fort
distingué lors du combat contre les Vouavouma.
Celui-ci fit toutes les protestations imaginables, et
l'empereur lui enjoignit de conduire les voyageurs
au Mouta-Nzighé, même au péril de sa vie : à tout
cela, le nouveau capitaine répondit par les ser-
ments les plus terribles et la pantomime la plus
expressive.

Au moment du départ, la troupe se composait
de deux mille deux cent quatre-vingt-dix hommes, sans compter environ cinq cents femmes et

enfants qui suivaient l'armée : ce nombre était res-
pectable et était de nature à inspirer toute confiance aux explorateurs.

Sammbouzi, qui jusque-là avait été fort docile et
d'une plate obséquiosité, releva la tête dès qu'il
ne se trouva plus en présence de Mtéçà ; il préten-
dit que, représentant l'empereur, il devait en avoir
la dignité, excuse que M. Stanley accepta, mais
qui lui donna quelques craintes sur les suites de
l'expédition.

Quatre indigènes, au teint blanc, captivaient
surtout l'attention de M. Stanley ; d'où venaient ces
hommes au teint européen, au profil régulier ? Il
apprit bientôt d'eux-mêmes qu'ils étaient natifs du
Gammbaragara, pays situé entre l'Oussanngora et
l'Ounyoro.

« Les Gammbaragaras, dit M. Stanley, sont
d'une race particulière ; d'après ce que l'on raconte,
ils seraient venus de l'Ounyoro septentrional, et,
dans l'origine, tous auraient eu la peau blanche ;
aujourd'hui, parmi eux, les noirs sont aussi nom-

breux que les autres ; ce qui provient de guerres successives fort anciennes, et de mariages entre les vainqueurs et les captives. Il est résulté de ces unions des métis dont le corps est très mince et la jambe singulièrement longue.

» Les gens de la famille royale et des familles des chefs ne se marient qu'entre eux, ce qui a conservé la couleur primitive. On dit que les femmes de cette race sont d'une beauté remarquable. J'en ai vu plusieurs, et bien que je ne les aie pas trouvées belles dans toute l'acception du mot, tel qu'il est compris en Europe, elles étaient beaucoup mieux que pas une des femmes que j'ai rencontrées en Afrique, et, à part la chevelure, n'avaient rien de commun avec la race nègre. On dit aussi que les Gammbaragaras ont la garde des talismans de Kabba Réga, et le privilège héréditaire de fournir à l'Ounyoro les prêtres des Mouzimous. »

L'expédition traversa sans encombre le Rouoko oriental, s'arrêta un instant à Katonnga, dans le Bennga oriental, puis se hasarda dans l'Ouzimmba, dont le chef est riverain du Morta-Nzighé ; on était presque arrivé sans difficulté au but.

Mais les hommes de Sammbouzi interprétaient autrement la quiétude extraordinaire de ces régions : les naturels ont l'habitude de demander aux caravanes ce qu'elles désirent ; là, personne ne se montrait ; dans l'Ouzimmba seulement, on découvrit un grand nombre de cachettes indigènes, et plusieurs habitants ne se gênèrent pas pour dire aux voyageurs qu'ils pouvaient approcher sans crainte, mais qu'on ne pouvait leur proguerres successives fort anciennes, et de mariages entre les vainqueurs mettre le retour, à moins qu'ils n'aient, comme des oiseaux, des ailes pour passer haut dans l'air.

Comme personne ne se montrait à qui on pût faire part des intentions pacifiques des voyageurs, Stanley fit capturer quelques prisonniers à qui il expliqua le but de son voyage et qu'il renvoya avec force présents.

Rien n'y fit ; voici la réponse des indigènes : « Nous n'avons pas l'habitude de recevoir des étrangers ; votre venue nous déplaît ; le roi d'Ounyoro est en guerre avec les blancs, et nous ne comprenons pas comment un blanc peut venir dans son royaume et y espérer la paix ; vos paroles sont bonnes, mais vos intentions sont mauvaises ; vous devez donc vous attendre à être attaqués demain. »

Il s'ensuivit une panique générale ; les gens de Stanley eux-mêmes, se voyant abandonnés par les soldats de Sammbouzi qui ne demandait qu'à quitter la place, se mirent à faire tranquillement leurs paquets. M. Stanley usa de tous les moyens en son pouvoir pour les retenir, mais tout fut inutile, et il fallut revenir et se plaindre à Mtéça de la fourberie de son représentant.

L'Empereur écumait de colère.

« Voyez, disait-il, à quel point je suis couvert de honte par mes hommes ? Voici la troisième fois que l'on me fait manquer à la parole que j'avais donnée aux hommes blancs. Mais, par le tombeau de mon père (serment terrible chez les Voua gannda), j'apprendrai à Sammbouzi et à vous tous, qu'il n'est pas permis de se moquer de Kabaka.

Stammlé s'est rendu au lac pour moi aussi bien que pour lui, et je suis contrecarré par un Sammbouzi, un vil esclave, qui, vis-à-vis de mon hôte, a eu la prétention d'être plus que moi-même. Quand ai-je osé être aussi impoli envers un visiteur, que ce misérable l'a été à l'égard de Stammlé ? Toi, Sarouti, cria-t-il tout-à-coup au chef de sa garde, prends des guerriers, va trouver Sammbouzi, *mange* ses terres, et amène-le-moi enchaîné. » (1)

La chose fut exécutée, car plus tard Stanley rencontra Sammbouzi enchaîné et amené en esclave au camp de Mtéça par Sarouti.

Là se terminent les relations entre Stanley et Mtéça. Je crois que nous avons suffisamment fait connaître l'opinion de M. Stanley sur cette grande figure de l'Afrique équatoriale, mais comme nous nous sommes permis de ne faire ces récits qu'avec la plus complète impartialité, il ne sera peut-être pas inutile de rapporter ici l'opinion de Speke au sujet de ce potentat.

(1) Stanley, le continent mystérieux.

7.

« Le roi, dit Speke, grand jeune homme de vingt-cinq ans, doué d'une physionomie avenante, taillé dans de belles proportions, ayant disposé avec le soin le plus scrupuleux les plis de sa toge en écorce neuve, siégeait sur une couverture rouge recouvrant une plate-forme carrée qu'entourait un clayonnage *d'herbe à tigre*. Sa chevelure était coupée de fort près, sauf au sommet de la tête; là, de l'occiput au sinciput, elle dessinait un relief pareil à celui du cimier de certains casques, ou bien, la comparaison sera moins noble, à celui d'une crête de coq. Un large collier plat, une cravate, si l'on veut, de petites perles agencées avec goût, un bracelet pareil, des anneaux alternés de bronze et de cuivre à chaque doigt et à chaque orteil, au-dessus des chevilles et jusqu'à la moitié du mollet, des bas ou guêtres en verroteries de la plus belle qualité, lui composaient un costume à la fois léger, correct et véritablement élégant. Il avait pour mouchoir une étoffe d'écorce soigneusement pliée, et tenait à la main une écharpe de soie brodée d'or, derrière laquelle il abritait à chaque instant son large sourire, et dont il se servait pour essuyer ses lèvres après avoir bu le vin de banane, que lui versaient à longs traits, dans de petites gourdes taillées en coupes, les dames de son entourage, ses sœurs et ses femmes.

» Au bout d'une heure, pendant laquelle j'avais été réduit à une muette contemplation, puisque j'ignorais la langue du pays et que personne n'aurait osé se permettre de parler en mon nom, Mtéça m'envoya me demander : *si j'avais vu le monarque.* Je répondis que je prenais ce plaisir depuis une heure. Aussitôt le roi se leva, la lance à la main, pour se retirer avec son chien qu'il tenait en laisse. Sa démarche, au moment où il prenait ainsi congé de nous, devait, paraît-il, nous sembler majestueuse. C'est une allure traditionnelle de sa race, qui, au dire des flatteurs, rappelle le pas du lion. Je dois convenir cependant que cette manière de jeter la jambe à droite et à gauche me faisait songer au dandinement maladroit des palmipèdes de basse-cour, et, loin de me frapper de terreur, m'empêchait de prendre sa majesté tout à fait au sérieux.

» Le roi se mit ensuite à charger de ses propres

mains une des carabines que je lui avais données, et la remettant toute armée à un page, lui enjoignit *d'aller tuer un homme dans l'autre cour*. Le marmot partit ; nous entendîmes la détonation, et nous le vîmes revenir presque aussitôt avec la même grimace de satisfaction, le même air de malice heureuse, que s'il eût déniché un oiseau !

» J'ai eu un jour l'occasion de voir les malheureux frères du roi qui sont, d'après la constitution du pays, destinés à être brûlés pour la plupart après le couronnement de Mtéça. Ils sont au nombre d'une trentaine ; plusieurs portent des menottes, d'autres sont à peu près prisonniers sur parole.

» Un jour Mtéça me dit : il m'est arrivé de faire tuer jusqu'à cent courtisans dans la même journée ; je suis tout prêt à recommencer s'ils ne prennent pas mieux soin de nourrir mes hôtes, car je sais comment *on guérit* la désobéissance !

» Depuis mon changement de domicile, il ne s'est pas passé de jour où je n'aie vu conduire au supplice une, quelquefois deux et jusqu'à trois ou quatre des femmes qui composent le harem de Mtéça. Une corde roulée autour du poignet, traînées ou tirées par le garde du corps qui les conduit à l'abattoir, ces pauvres créatures, les yeux pleins de larmes, poussent des gémissements à fendre le cœur :

» — O mon seigneur, mon roi ! ô ma mère !

» Et malgré ces appels déchirants à la pitié publique, pas une main ne se lève pour les arracher au bourreau. » (1)

Depuis lors, les doctrines du mahométisme ont-elles adouci le caractère de Mtéçà, c'est ce que nous fait entendre M. Stanley ; nous verrons peut-être un jour si les vérités du christianisme lui ont fait perdre tout-à-fait ces cruelles coutumes.

Les relations avec Mtéçà étaient donc terminées, et le 24 février, après une marche de treize milles, la caravane entrait à Kafourro, village du Kara

(1) J. Belin de Launay, les sources du Nil.

goué. Là on fit connaissance avec Roumanika, le bon roi de ces régions, sur le compte duquel Speke s'exprime ainsi :

— Roumanika et sa famille ont été les seuls chefs que, dans tout mon voyage, j'aie rencontrés loyaux, affables et faciles à contenter.

Un mois de séjour chez ce chef hospitalier suffit à Stanley pour visiter le lac Windermere, puis l'Ou-hammba, et, après avoir constaté le parallélisme des deux rivières jumelles, la Malagarazi qui se dirige vers le Tanganika, et le Lohougaté, qui va vers le lac Victoria, il parvint au Gammbahouago, principal village de l'Oussammbiro, après avoir évité le terrible Mannkoronngo, dont les exigences vis-à-vis des caravanes dépassaient tout ce qu'on avait vu jusqu'alors.

Quelques jours plus tard, une nouvelle terrifiante se répandit dans le camp : la terreur de l'Afrique équatoriale, le légendaire Mirammbo approchait ! La rencontre fut cependant cordiale ; Stanley fit avec lui l'échange du sang et dorénavant l'homme blanc devenait l'ami du grand conquérant devant lequel tremblaient toutes les peuplades du centre de l'Afrique.

Enfin le 27 mai, M. Stanley, après maintes diffi- :ultés avec les chefs avides de ces contrées, reve- nait dans l'Oudjidji où tous les vestiges de sa pre- mière rencontre avec Livingstone avaient disparu. La nature était restée la même, mais à la place de la maison du grand explorateur, il n'y avait que de grands *temmbés :* la maison était brûlée depuis longtemps !

II

LE TANGANIKA

Il y avait une fois dans un enclos, un homme et une femme qui vivaient du produit d'une source qui leur fournissait force poissons. Mais personne n'en savait rien, et du secret de cette pêche dépendait la richesse du ménage. Or un jour, la femme du pêcheur amena son amant aux abords de cet étang et lui fit manger du poisson de cette source miraculeuse. Le secret était dévoilé : alors les montagnes s'abaissèrent, les eaux débordèrent et de là est né le Tanganika.

Telle est la légende du Tanganika qu'avait visité Livingstone et que M. Stanley venait visiter à son tour.

Le *Lady-Alice* qui avait fait la circumnavigation du Victoria et accompli par terre et par eau maintes autres prouesses, se trouvait lancé sur le Tanganika accompagné d'un gros canot, le *Méofou*, creusé dans le tronc d'un arbre énorme des gorges boisées du Goma. Les Arabes ne pouvaient croire que le frêle esquif résisterait à une semblable traversée; cependant il devait en revenir sain et sauf cette fois encore.

Au sortir de l'Oudjidji, on entrait dans l'Ounaranngo, régions montagneuses jusqu'à l'embouchure du Malagarazi; les voyageurs remontèrent le fleuve afin de sonder la profondeur des eaux jusqu'à cinq milles en amont; puis on s'avança de nouveau vers le sud pour camper à Ourimmba, à un mille environ au sud-ouest du Louhouéghéri, où M. Stanley revit avec émotion les parages qu'il avait explorés en compagnie de Livingstone.

Jusque là on n'avait rencontré que des côtes hospitalières, mais le pays des terribles Rougas-rougas était proche et il fallait à tout prix éviter ces tribus de cannibales qui, non seulement ne

laissent jamais passer les étrangers sans les attaquer, mais sont encore un objet de terreur pour
toutes les peuplades environnantes.

M. Stanley vit les tristes effets des déprédations
de ces rougas-rougas dans le village de Ponnda
qu'il trouva désert, brûlé, dévasté et couvert de
cadavres encore chauds.

Malgré la visite de quelques-uns de ces maraudeurs que l'on parvint heureusement à éviter avec
quelques présents, on put gagner rapidement la
partie méridionale du Tonngoué, traverser le Fipa
et atteindre la pointe méridionale du Tanganika
dans l'Ouroungou. Les tribus qui habitent les rives
du lac sur la côte occidentale sont amies des étrangers et les explorateurs n'éprouvèrent aucune difficulté à remonter toute cette partie des côtes jusqu'au cours problématique de la Loukouga.

C'est là en effet que résidait tout l'intérêt de cette
seconde circumnavigation de M. Stanley : la Loukouga est-elle un affluent du Tanganika ou un déversoir? Chose étrange, les témoignages des rive-

rains ne s'accordaient pas, et les rapports des précédents explorateurs se contredisaient formellement. Les uns disaient que la Loukouga coulait de l'est à l'ouest, d'autres affirmaient qu'à certaines époques elle se jetait dans le lac. Le meilleur était de s'assurer par soi-même de la direction du fleuve, et M. Stanley résolut de faire l'enquête la plus minutieuse à ce sujet.

D'un autre côté, M. Stanley avait observé certaines disparitions géologiques qui lui donnaient à penser que le lac n'avait pas toujours eu l'étendue qu'il a aujourd'hui; qu'à une certaine époque, il y avait eu peut-être deux lacs séparés par des montagnes qui avaient disparu depuis.

En effet, en explorant avec soin le cours de la Loukouga, on ne put découvrir aucune direction bien tranchée des eaux du fleuve; dans certaines parties, il courait de l'est à l'ouest, dans d'autres de l'ouest à l'est, dans d'autres parties enfin les eaux étaient parfaitement calmes sans aucun courant : De là, M. Stanley déduisit les faits suivants que nous accepterons comme exacts jusqu'à preuve du contraire :

« Tout bien considéré, dit-il, je garde l'opinion qu'à une époque lointaine les deux rives du lac étaient reliées par une chaîne qui s'étendait du cap Vionngoué, situé à l'est, au cap Kahanngoua, qui est au couchant; que le lac, fermé par cette rampe, avait alors un niveau beaucoup plus élevé que celui d'aujourd'hui, et qu'à cette époque le Loukouga en était le déversoir; que la moitié septentrionale du lac est postérieure à l'autre; que, par suite de l'effondrement du terrain qui les bornait au nord ou de l'écroulement de la chaîne transversale, les eaux du sud se sont précipitées dans le gouffre qui venait d'être ouvert laissant à sec le lit de la Loukouga, dont la Kibammba et la Loumba, ses affluents, prirent le canal pour apporter au lac le tribut du versant oriental de la chaîne de Ki-Yanndja. Mais maintenant que la grande auge produite par le tremblement de terre qui fractura le plateau où nous trouvons, d'une part l'Oulcha et l'Ouroundi, de l'autre, l'Oubemmbé et le Goma, est à la veille d'être remplie, le Loukounga va reprendre ses anciennes fonctions de canal de décharge et porter le trop plein du Tanganika dans la vallée du Livingstone, d'où celui-ci, par sa

Rencontre des lions.

courbe majestueuse, lui fera gagner l'Atlantique. »

Revenus au camp, les voyageurs trouvèrent la caravane diminuée par la petite vérole; un grand nombre avaient déserté, et il fallut au plus vite faire ses préparatifs de départ pour fuir l'épidémie et éviter de nouvelles défections. Stanley voulait explorer le cours de la Loualaba, mais le plus sûr était, pour mettre ses gens dans l'impossibilité de fuir, de trouver de suite le Tanganika à la hauteur du cap Kabogo. Sur la rive opposée, les peuplades indigènes sont beaucoup moins éclairées et il y en a quelques-unes dont l'explorateur fait un hideux tableau, tout en reconnaissant leur caractère inoffensif, très généreux et extrêmement hospitalier.

Aux approches du Mouyéma, le niveau intellectuel des indigènes s'élève, en même temps que le type se montre bien supérieur à celui des peuplades méridionales; c'est ainsi que dans l'Ouhommbo, les indigènes sont absolument repoussants, tandis que dans le Monyéma les hommes sont bien bâtis, d'une physionomie fort agréable, et les femmes sont souvent belles.

C'est à quelque distance du Mpoungou, que Stanley eut tout-à-coup sous les yeux le spectacle admirable, pour un explorateur, de la jonction de la Louama avec la Loualaba; c'était une des sources du Livingstone que le hardi voyageur avait suivie pendant 220 milles jusqu'à son embouchure, et le Livingstone lui-même s'offrait à sa vue, semblant l'inviter à le suivre jusqu'à l'Océan!

Aussi, avec quelle ardeur les voyageurs reprirent-ils leur route! On trouva l'Ouzoura, le cours d'eau Loulinndi, et, arrivé dans le Mouana Mammba, on fit la connaissance de Tippo-Tib, le chef du lieu. C'était un homme fort intelligent, on pourrait presque dire bien élevé et d'une tenue irréprochable.

C'était là le point où Livingstone avait été obligé de renoncer à son expédition; c'était là enfin que Caméron avait dû reculer devant un refus formel et réitéré des canots pour descendre le fleuve. Que ferait Stanley? Il lui fallait aussi des canots. Les obtiendrait-il là où ses devanciers avaient échoué?

Les indigènes ne se gênaient pas pour exagérer les dangers de l'expédition; le pays des nains était une source intarissable d'histoires plus fantastiques les unes que les autres, et la peinture que l'on faisait des interminables forêts que l'on devait rencontrer suffirait à donner le frisson.

Néanmoins Tippo-Tib consentit à partir sous certaines conditions. On entra dans le Nyanngoué, l'établissement le plus occidental des traitants de Zanzibar, on traversa un désert d'arbres, comme dit Stanley, où les difficultés à surmonter furent inouïes : Tippo-Tib ne voulait pas continuer le voyage et ce fut à grand'peine que le hardi voyageur le décida à tenir ses promesses.

Restait le village des Vouénya, gens cruels et sanguinaires, qui ne voulaient rien entendre et qui, sans les précautions que prit Stanley, auraient infailliblement massacré l'expédition. Néanmoins la caravane parvint à traverser le fleuve et à s'établir victorieusement dans les villages de ces bandes sauvages. Mais tout n'était pas fini.

Il fut impossible d'obtenir des vivres de ces tribus sauvages impitoyables; ils ne répondaient que par leur cri de guerre à toutes les avances qu'on leur faisait; les hommes souffraient la faim et il n'y avait aucun moyen d'obtenir des vivres à quelque prix que ce fût. Pour comble d'horreur, on se trouva bientôt en face de rapides difficiles à franchir et où quelques hommes faillirent périr par suite de la faiblesse de Frank, qui leur avait permis de s'éloigner malgré les ordres exprès de Stanley. Tippo-Tib fit alors observer, assez justement d'ailleurs, que la dyssenterie et la petite vérole se déclaraient dans le camp, que les indigènes ne voulaient à aucun prix faire alliance avec les voyageurs, que les rapides se succéderaient de plus en plus dangereux, et que c'était folie de continuer sa route. Stanley fut inflexile et pour toute réponse franchit les rapides, les seuls qu'il y eut à rencontrer, d'après les renseignements qu'il prit immédiatement après ce passage.

Quant aux riverains, il ne fallait pas songer à les persuader ; c'étaient des sauvages, des cannibales, dans toute l'acception du terme, et c'eût été perdre, son temps que de tâcher d'en obtenir quelque chose. Oukonnghé Mourihoua, Ikondou, villages très animés, très peuplés, mais toujours déserts pour nos explorateurs! Partout un mépris profond pour les offres que leur faisait la caravane; Tippo-Tib finit par renoncer à ses engagements et Stanley, accompagné de ses noirs enfants de la mer, le laissa partir, décidé à mourir plutôt que de laisser son projet inachevé.

Jusqu'à Kannkoré, ce ne furent que rencontres hostiles de cannibales qui criaient de la viande! de la viande! et avaient la plus grande envie de goûter d'un bifteck américain; mais heureusement la petite caravane parvint à éviter leurs pièges et à se garer de leurs flèches empoisonnées. A Kannkoré, un peuple ami, ayant en horreur le cannibalisme (à quelques milles seulement de distance!) donna à Stanley de précieux renseignements géographiques et des vivres en quantité suffisante.

Chez les Mouana-Ntaba, nouvelles démonstrations guerrières, apparition d'un canot gigantesque plein de combattants debout, hurlant en chœur au son des trompes et de des tambours. On parvint assez facilement à faire chavirer l'énorme barque, mais les voyageurs se trouvaient pris entre deux dangers inévitables, les chutes en avant dont on entendait le grondement, et une mort certaine [des deux côtés du fleuve où retentissaient toujours les cris sauvages d'une multitude de MouanaNtaba. Il fallait prendre un parti : le plus sage était de se jeter hardiment parmi les ennemis, pendant que Manoua-Séra remonterait un peu le courant avec quatre canots et viendrait à son tour prendre à revers les sauvages.

Ce mouvement fut fort bien exécuté et l'ennemi fut repoussé; on se fortifia alors dans un *boma*, palissade impénétrable, formée de broussailles et l'on put se reposer en attendant les évènements du lendemain. Ce jour là les ennemis, vigoureusement repoussés grâce aux armes à feu des explorateurs, se retirèrent définitivement, et la caravane ne fut plus inquiétée.

Restaient les chutes de Stanley à visiter.

Malheureusement la situation se trouvait être partout la même. Les riverains étaient tous cannibales et il n'y avait aucun moyen de leur faire entendre des paroles de paix. Partout il fallait employer la force et partout perdre quelques-uns de ses compagnons.

Une peuplade cependant se trouva plus accessible que les autres, grâce à un adroit coup de main ; on avait pris un village et fait quelques prisonniers, des femmes et des enfants ; après avoir bien convaincu ceux-ci qur les intentions des explorateurs étaient pacifiques, on rendit tout, prisonniers et moutons capturés. Ce procédé étonna les sauvages et les engagea à se rapprocher. La paix fut bientôt faite, et l'on obtint facilement des vivres et des renseignements précieux sur les autres cataractes que l'on avait à franchir. Les Cannibales sont donc accessibles aux bonnes paroles appuyées par des faits? Stanley prétend qu'à la condition de bien prouver une force supérieure à la leur, ils peuvent montrer des sentiments humains.

C'est aussi le sentiment de Schweinfurth ; voici ce qu'il nous raconte des Mombouttous :

« De toutes les parties de l'Afrique où l'on a vu pratiquer l'anthropophagie, c'est ici qu'elle est la plus prononcée. Entourés, au sud, de noires tribus d'un état social inférieur, et qu'ils tiennent en profond mépris, les Mombouttous ont chez ces peuplades un vaste champ de combat, ou, pour mieux dire, un terrain de chasse et de pillage, où ils se fournissent de bétail et de chair humaine. Les corps de ceux qui tombent dans la lutte, sont immédiatement répartis, découpés en longues tranches, boucanés sur le lieu même et emportés comme provisions de bouche.

« Conduits par bandes, ainsi que des troupeaux de moutons, les prisonniers sont réservés pour plus tard, et égorgés les uns après les autres pour satisfaire l'appétit des vainqueurs. Les enfants, d'après tous les rapports qui m'ont été faits, sont considérés comme friandise et réservés pour la cuisine du roi. Pendant notre séjour chez les Mombouttous, le bruit courait que presque tous les matins on tuait un enfant pour la table de Mounza.

» Nous n'avons pas eu l'occasion d'assister à ces

horribles mangeries, mais une fois, arrivant inaperçu, devant une case où, près de la porte, se trouvait un groupe de femmes, je vis celles-ci en train d'échauder la parti inférieure d'un corps humain, absolument comme chez nous on échaude et on racle un porc après l'avoir fait griller. L'opération, avait changé le noir de la peau en gris livide. Quelques jours après, je remarquai dans une maison, un bras d'homme qu'on avait suspendu au-dessus du feu, évidemment pour le boucaner.

» Non seulement nous trouvions à chaque pas des signes d'anthropophagie, mais nous reçûmes de la bouche du roi la confirmation du fait et l'explication du peu d'exemples que nous en avons eus. Le roi nous dit que, sachant toute l'horreur que cette nourriture nous inspirait il avait donné des ordres pour qu'elle fût préparée et mangée secrètement.

» Toujours est-il, le fait est certain, que l'anthropophagie existe à un degré beaucoup plus haut chez les Mombouttous que chez les Niams-Niams.

Je laisse de côté les récits des Nubiens, les rapports que ces témoins occulaires m'ont fait personnellement de leurs razzias, où l'homme est découpé en longues aiguillettes, séché et fumé pour servir de provisions ; les crânes si nombreux que j'ai choisis, dans les amas d'ossements, débris de cuisine, qui m'étaient apportéschaque jour, garan tissent l'exactitude de mon assertion : que le cannibalisme des Mombouttous est sans pareil dans le monde entier.

» *Et cependant les Mombouttous sont une noble race, des hommes bien autrement cultivés que leurs voisins, à qui leur régime fait horreur. Ils ont un esprit public, un orgueil national ; ils sont doués d'une intelligence et d'un jugement que peu d'Africains pessèdent et savent répondre avec bon sens à toutes les questions qu'on leur adresse. Leur industrie est avancée, leur amitié fidèle. Les Nubiens qui résident chez eux n'ont pas assez d'éloges pour vanter la constance de leur affection, l'ordre et la nécessité de leur vie sociale, leur supériorité militaire, leur adresse, leur courage.* »

On peut en dire autant des Caraïbes et des Fid-
giens.

Les autres chutes furent ainsi franchies; mais
en jetant un regard en arrière, au souvenir des
luttes effroyables qu'il avait fallu soutenir, il n'y
avait personne de la petite caravane qui n'eût exposé un pas de plus, si on lui eût dit que les mêmes
labeurs se représenteraient.

8.

III

APRÈS LES CHUTES DE STANLEY. — LE CONGO.

Mais ici le fleuve est calme et les cœurs repren
nent courage ; la terre de la civilisation n'est pas
loin, elle se rapproche à chaque coup de rame ; et
cependant que de dangers encore à affronter, car
c'est toujours l'inconnu que l'on a devant soi, mais
il n'y faut pas penser !

L'aspect des villages n'est plus le même ; dans
le haut Livingstone, ils ne consistent qu'en une
seule longue rue ; ici ils ont des rues parallèles et
transversales se coupant à angle droit.

Le fleuve est fort large ; il a 2275 mètres d'une

rive à l'autre; les bords sont hauts, escarpés et boisés.

Les riverains, cependant, ne sont pas plus hospitaliers; il faut continuellement se défendre contre leurs attaques; depuis le 23 novembre jusqu'au 29 janvier, on avait combattu vingt-quatre fois, et ce n'était pasfini! A l'embouchure de l'Arouhouimi, rivière large de plus de trois kilomètres à cet endroit, les voyageurs eurent à soutenir une lutte terrible contre les habitants de l'Issanghi et de l'Yammbarri : ils en sortirent vainqueurs avec une grande quantité d'ivoire et une foule d'objets de luxe très curieux, et accusant chez cesf cannibales une remarquable intelligence et une situation prospère.

Par bonheur, le Livingstone, qui augmentait toujours de largeur (de 6 à 11 kilomètres), ce qui, par parenthèse, ne permettait pas de soupçonner de nouvelles cataractes, se trouva bientôt parsemé d'îles et partagé en un assez grand nombre de canaux qu'il était possible de suivre en évitant les populations riveraines. Il fallait cependant bien examiner ces canaux pour ne pas se trouver portés trop à droite ou à gauche sans s'en apercevoir, ce qui pouvait facilement arriver. Ils ne purent tellement bien manœuvrer cependant, qu'ils ne fussent aperçus de quelques indigènes, mais le tout se réduisit à quelques escarmouches insignifiantes, jusqu'à ce qu'ils parvinrent au village de Roubounga, vieux chef hospitalier qui leur donna des vivres au moment où ils n'en avaient plus du tout, et leur dit le nom du fleuve terrible que l'on venait de descendre, dont les habitants avaient failli vingt fois massacrer la troupe de Stanley, dont les cataractes effroyables brisaient un canot comme une allumette, ce nom, c'était celui que Stanley soupçonnait depuis longtemps :

C'était le Congo !

Caméron l'avait soupçonné, et Livingstonne aussi, mais personne n'avait encore résolu le problème.

« Le Loualaba, dit le lieutenant Cameron, qui n'avait été que jusqu'à Nyanngoué, le Loualaba doit être l'une des sources du Congo ; sans lui, où ce géant, qui ne le cède en énormité qu'à l'Amazone, peut-être au Yang-tsé-Kiang, trouverait-il les deux millions de pieds cubes d'eau qu'à chaque seconde il verse dans l'Atlantique? »

A quoi bon raconter en détail les nouvelles attaques dont les voyageurs furent l'objet tout le long de la route ; cela semblait ne devoir finir que par l'extermination de toute la troupe, et cependant tous gardaient un grand calme dans l'adversité et un courage exemplaire dans la défense. La faim seule irritait les serviteurs de Stanley au point d'exciter leur colère et de leur faire perdre toute prudence, et deux ou trois fois ils se trouvèrent sans vivres et sans espoir d'en obtenir des cruelles tribus qu'ils rencontraient, et qui ne répondaient à leurs avances que par des cris de guerre.

Les chefs de Bouéna et d'Inngouba se montrèrent plus généreux ; ils approvisionnèrent les canots de produits variés dont les principaux étaient des cochons noirs, des chèvres, des moutons, des bananes, du pain de cassave, de la farine, du maïs, des patates, des ignames et du poisson. C'était là une générosité à laquelle il ne fallait pas s'habituer, et Stanley s'en aperçut bien lorsqu'il fit la connaissance du mielleux Tchouambiri, l'homme à la voix douce, qu'il proclame le plus fieffé coquin de l'Afrique.

Après avoir déjoué les projets de ce diplomate astucieux, on traversa l'étang de Stanley, situé par 4° 3' de latitude méridionale, expansion du fleuve qui va des falaises de Douvres à la première cataracte du Livingstone, et occupe un espace de 30 milles carrées. La rive gauche est occupée par les établissements populeux de Nchassa, de Nkiounda et de Ntamo; la rive droite, par les sauvages Batéké, généralement accusés de cannibalisme. Les voyageurs n'eurent cependant pas à se plaindre de ces différents chefs qui, moyennant d'assez considérables présents et surtout le don d'une grosse chèvre, la dernière survivante que l'on ne sacrifia qu'à grand regret, ravitaillèrent la troupe affamée qui depuis plusieurs jours n'avait presque rien à se mettre sous la dent.

Enfin, la lutte avec les riverains paraît terminéo ; le fleuve seul n'a plus cet aspect majestueux qui, malgré la férocité des riverains, avait pour les voyageurs un charme irrésistible ; c'est maintenant un torrent furieux, roulant dans un lit profond obstrué par des récifs de lave, des projections de falaises, des bancs de roches erratiques, traversant des gorges tortueuses, franchissant des terrasses et tombant en une longue série de chutes, de cataractes et de rapides. Après nos conflits si fréquents avec les sauvages, recommence la lutte avec le grand fleuve, dont la profonde et large déchirure des hauts plateaux, descend à l'Atlantique.

« Ces courants, muets et solitaires, qui serpentent au milieu des îles sans nombre du Livingstone, cette immense nappe d'eau, calme et silencieuse, qui a entendu nos plaintes, ce désert liquide, témoin de nos souffrances, ces solitudes boisées où nous cherchions le repos, et auxquelles nous avions confié nos vœux et notre espoir, tout cela fait place à la gorge bordée de hautes falaises, à travers laquelle le Livingstone roule avec une inconcevable furie, ses vagues écumantes jusqu'au large lit du Congo, qui, à la distance de 255 milles géographiques seulement, est de près de onze cents pieds plus bas que le sommet de la première chute. »

Neuf hommes furent ainsi perdus dans une après-midi et parmi eux un enfant, et les meilleurs hommes de la troupe, entraînés irrésistiblement par le courant et précipités dans la cataracte ! Deux cependant réussirent à se sauver en se cramponnant au canot, et rejoignirent le lendemain les voyageurs, à leur grand étonnement; car c'était vraiment un miracle de revenir sain et sauf après un pareil saut ! Le Lady-Alice, aussi, faillit se perdre corps et biens dans un tourbillon; mais, grâce au sang-froid des rameurs, et malgré une course vertigineuse entre les écueils, il atteignit une berge sablonneuse, au confluent du Nkennké et du Livingstone, où le retrouvèrent les gens des autres canots, qui le croyaient bien perdu; ce fut le plus grand danger auquel échappa Stanley.

Comme on se trouvait dans une contrée remplie d'arbres magnifiques, il devenait facile de remplacer les canots que l'on avait perdus. En consé-

quence, on abattit les plus beaux qué l'on pût trouver, et on construisit deux grands canots, le *Livingstone* et le *Stanley.*

Une fois ces pirogues terminées, on reprit la
route : Frank avait des ulcères aux pieds, plusieurs
hommes étaient malades, et Baraka, le loustic de
la bande, les appelait des *goïgoïs*, c'est-à-dire des
propres à rien. Le Lady-Alice subit une forte avarie
par suite d'une mauvaise manœuvre; mais le
voyage s'effectuait assez tranquillement grâce à
l'amabilité des riverains. Une autre fois, les naturels parurent changer d'attitude et poussèrent leur
cri de guerre : c'est qu'ils avaient vu Stanley tra-
cer des caractères sur du papier, et cela devait être
pour eux la cause d'une foule de maux.

Stanley, placé entre cette alternative, ou de com-
battre ou de brûler ses notes, prit le parti de sa-
crifier un *Shakespeare*, que les indigènes prirent
pour le fameux grimoire qui les effrayait tant.

Tout allait à souhait : cependant, un terrible
malheur attendait les voyageurs; Frank, le com-

pagnon le plus dévoué de Stanley, se perdit par suite de son trop d'ardeur dans les tourbillons de Mohoua. Cet évènement attrista profondément Stanley, et tous les membres de l'expédition en tombèrent dans une prostration indescriptible. *Le petit maître* n'avait pu être sauvé! Il était très aimé, et sa perte fut vivement ressentie par tous.

A partir de ce moment, les gens de Stanley furent pris d'un profond découragement; la plupart refusèrent d'aller plus loin; mais comme il était tout aussi dangereux de retourner en arrière, ils finirent par rester. Les dernières chutes du Livingstone furent franchies, et l'on arriva à peu de distance de Boma où se trouvaient des établissements français, anglais et portugais.

Les indigènes devenaient de plus en plus parcimonieux; il était impossible d'obtenir des vivres; les présents qu'on leur offrait étaient regardés avec mépris, et la caravane mourait de faim.

Enfin, M. Stanley envoie, par les intrépides de la bande, Oulédi, Saféni et Robert, une lettre aux *blancs* de Boma : la réponse ne se fit pas attendre longtemps ; des provisions furent envoyées, les pauvres affamés purent enfin se rassasier, et l'expédition se vit à la tête d'une dame-jeanne de rhum, seul liquide que parussent apprécier les indigènes.

Quelques jours après, l'expédition arrivait à Boma.

Stanley s'occupa alors de rapatrier ses serviteurs ; il redescendit jusqu'au cap et de là remonta à Zanzibar.

De là, Stanley regagna Aden sur le steamer Pachumba.

Je finirai cette notice par les renseignements que je dois à M. Stanley, lui-même, et sur les détails desquels le cadre qui nous est imposé ne nous permet pas de nous étendre.

« En 1879, Stanley s'embarqua pour la troisième fois pour l'Afrique ; après avoir pris à Zanzibar les hommes nécessaires, il continua son voyage par la Méditerranée et atteignit le Congo, sur les rives duquel il établit cinq stations : la dernière est à environ 400 milles de l'embouchure.

» Il explora le Couango et découvrit à 330 mille au-dessus du golfe de Stanley, un lac auquel il donna le nom de Léopold II.

» Il fut interrompu par la maladie au milieu de ces travaux existants et obligé de se rendre à Saint-Paul de Loanda, où il se soumit à un traitement sérieux.

» Les médecins, ayant affirmé qu'il était prudent pour le célèbre explorateur de retourner en Europe, Stanley prit place à bord d'un *Mail boat* portugais, *le Clima*, et arriva à Lisbonne en septembre de la même année.

» Actuellement M. Stanley est de nouveau sur les rives du Congo. »

FIN.

HENRY MORTON STANLEY

TABLE DES MATIÈRES

Limoges. — Imp. Marc BARBOU et Cⁱᵉ.